Inhaltsverzeichnis

Vorwort

- Lieber Leser,

dieses Buch ist ein Experiment. Ein Experiment, das die Möglichkeiten unserer Zeit auf eine Weise vereint, wie sie noch vor wenigen Jahren undenkbar gewesen wäre. Die Zukunft ist ohne Künstliche Intelligenz (KI) nicht mehr vorstellbar. Sie ist längst nicht nur ein abstraktes Konzept, sondern ein fester Bestandteil unseres Alltags – und sie verändert bereits jetzt, wie wir arbeiten, denken und leben.

In meinen bisherigen Büchern über neurolinguistische Programmierung (NLP) habe ich mich darauf konzentriert, Ihnen die Formate – also die „Werkzeuge" – dieser kraftvollen Methode an die Hand zu geben. Dabei ging es immer darum, wie Sie mit NLP konkrete Veränderungen in Ihrem Leben bewirken können: Ihre Denkmuster reflektieren, neue Verhaltensweisen etablieren und innere Blockaden lösen. In meinem letzten Buch, „Die Wissenschaft der Neurolinguistischen Programmierung", habe ich dann einen anderen Ansatz gewählt und mich darauf konzentriert, die theoretischen und wissenschaftlichen Grundlagen von NLP zu beleuchten.

Dieses Buch geht noch einen Schritt weiter. Es bringt zwei der faszinierendsten Entwicklungen unserer Zeit zusammen: NLP und KI. Gemeinsam bilden sie eine einzigartige Synergie, die weit über das hinausgeht, was jede für sich allein erreichen kann. NLP liefert die Formate – bewährte, kraftvolle Strukturen zur Veränderung von Gedanken, Gefühlen und Verhaltensweisen. KI bringt die Fähigkeit, diese Prozesse zu individualisieren, zu optimieren und interaktiv zu gestalten.

In diesem Buch möchte ich Ihnen nicht nur zeigen, wie NLP und KI zusammenwirken können, sondern Sie einladen, selbst Teil dieses Experiments zu werden. Sie werden in diesem Buch ausgewählte NLP-Formate kennenlernen – und direkt erleben, wie KI Sie dabei unterstützen kann, diese anzuwenden. Dieses Buch ist kein rein theoretisches Werk. Es ist ein Werkzeugkasten für Ihre eigene Neugestaltung – ein Selbstexperiment, das Ihnen erlaubt, die transformative Kraft von NLP und KI unmittelbar in Ihrem Leben zu erfahren.

Stellen Sie sich vor, Sie könnten Ihre bisherigen Erlebnisse in spektakuläre Erfolge umwandeln, innere Sicherheit schaffen und alte Muster durch neue, stärkende ersetzen – alles unterstützt von einer KI, die Ihnen dabei hilft, Ihre Ziele noch klarer zu sehen und schneller zu erreichen. Klingt das nach Science-Fiction? Nein, es ist die Realität, die Ihnen dieses Buch näherbringen möchte.

Dieses Buch ist eine Einladung. Eine Einladung, neugierig zu sein, zu experimentieren und die Möglichkeiten von NLP und KI in Ihrem Leben auszuloten. Ich lade Sie ein, sich auf die Reise der Veränderung zu begeben – eine Reise, die zeigen wird, wie mächtig die Verbindung von menschlicher Vorstellungskraft und moderner Technologie sein kann.

Ich wünsche Ihnen spannende Erkenntnisse, bahnbrechende Erlebnisse und die Freude, Ihre eigene Macht der Neugestaltung zu entdecken.

NLP-Die Wissenschaft der Veränderung

Kapitel 1

1.1 Was ist NLP?

Die Neurolinguistische Programmierung (NLP) ist eine Methode, die auf der Überzeugung beruht, dass wir unsere Realität durch unsere subjektive Erfahrung modellieren und beeinflussen können. Der Begriff selbst beschreibt die drei zentralen Säulen dieser Methode:

- Neuro: Wie unser Nervensystem Sinneswahrnehmungen verarbeitet und diese als innere Erfahrungen repräsentiert.
- Linguistisch: Wie wir Sprache verwenden, um diese inneren Erfahrungen zu strukturieren und auszudrücken.
- Programmierung: Wie wir diese Prozesse gezielt verändern und neue „Programme" schreiben können, um effektiver zu handeln und zu denken.

NLP wurde in den 1970er Jahren von Richard Bandler und John Grinder entwickelt, die untersuchten, wie exzellente Kommunikatoren und Therapeuten herausragende Ergebnisse erzielen. Aus ihren Beobachtungen entstanden Modelle, die es ermöglichen, solche Erfolgsstrategien zu analysieren, zu replizieren und weiterzugeben. Heute findet NLP weltweit Anwendung – von Therapie und Coaching über Wirtschaft und Bildung bis hin zu persönlicher Entwicklung.

1.2 Das Modell von NLP

Im Kern des NLP steht das Modellieren der subjektiven
Erfahrung. Während viele Disziplinen sich mit objektiven Re-
alitäten befassen, konzentriert sich NLP auf das, was individuell
und subjektiv wahrgenommen wird. Der Modellgegenstand ist
daher immer die persönliche Erfahrung eines Menschen.

1.2.1 Modellelemente: Die fünf Sinne als Repräsentationssysteme

Unser Gehirn verarbeitet Informationen hauptsächlich über die
fünf Sinne:
• Visuell (sehen)
• Auditiv (hören)
• Kinästhetisch (fühlen)
• Olfaktorisch (riechen)
• Gustatorisch (schmecken)

In NLP werden diese Sinne
als Repräsentationssysteme bezeichnet, da sie die Grundlage
bilden, wie wir innere und äußere Welten repräsentieren.

1.2.2 Submodalitäten: Die Feinheiten der Wahrnehmung

Innerhalb dieser Repräsentationssysteme gibt es Submodalitäten,
die für die Feinabstimmung unserer Wahrnehmung verantwortlich sind. Submodalitäten ermöglichen es uns, zwischen ähnli-
chen Eindrücken zu unterscheiden. Einige Beispiele:
• Visuell: hell/dunkel, groß/klein, nah/fern.

• Auditiv: laut/leise, melodisch/monoton, links/rechts.
• Kinästhetisch: warm/kalt, schwer/leicht, glatt/rau.

Durch die Veränderung dieser Submodalitäten können wir die Wirkung von inneren Bildern, Tönen oder Gefühlen auf unser Erleben beeinflussen – ein zentraler Aspekt vieler NLP-Techniken.

1.3 NLP-Strategien

Eine der mächtigsten Anwendungen des NLP ist die Analyse und Veränderung von Strategien. Strategien sind die inneren Abfolgen von Schritten, die wir bewusst oder unbewusst ausführen, um zu einem bestimmten Ergebnis zu gelangen.

1.3.1 Was sind NLP-Strategien?

Strategien basieren auf der Verknüpfung von Modellelementen (Sinneswahrnehmungen) und können als Sequenzen oder Muster beschrieben werden. Zwei wesentliche Konzepte dabei sind:
• Konjunktion: Die Verbindung mehrerer Repräsentationen nacheinander (z. B. visuell → auditiv → kinästhetisch).
• Synästhesie: Das gleichzeitige Auftreten von Repräsentationen (z. B. ein Bild, das gleichzeitig ein bestimmtes Gefühl auslöst).

Beispiele für Strategien:
• Rechtschreibstrategie: Der Blick nach oben, um sich die Buchstaben eines Wortes visuell vorzustellen.

• Bestellstrategie im Restaurant: Das Durchgehen von Bildern
und Gefühlen, um sich für ein Gericht zu entscheiden.
• Mausbegegnungsstrategie: Eine Kette von Bildern, Gefühlen
und Reaktionen, die zu Angst führt.

1.4 Der Sinn von NLP-Strategien

Der Kern von NLP liegt darin, ineffektive Strategien zu erkennen
und in effektive Strategien umzuwandeln. Dazu dienen drei
Standard-Schritte:
1. Auspacken der bestehenden Strategie:
Der erste Schritt besteht darin, die aktuelle Strategie zu
analysieren. Was passiert zuerst? Welche Repräsentationen
werden aktiviert? Welche Submodalitäten sind beteiligt?
2. Design der neuen Strategie:
Im nächsten Schritt wird eine alternative, effektivere Strategie
entwickelt. Diese neue Strategie basiert auf positiven Repräsentationen und Submodalitäten, die das gewünschte Ergebnis fördern.
3. Installation der neuen Strategie:
Schließlich wird die neue Strategie mithilfe eines Formats in das
Unterbewusstsein integriert. Dies erfolgt oft durch Wiederholung
und Verankerung.

1.5 Der Entwicklungsprozess von Strategien

Strategien entwickeln sich im Laufe der Zeit in verschiedenen
Phasen, die oft als „Kompetenzstufen" beschrieben werden:
1. Unbewusste Inkompetenz: Man weiß nicht, dass man etwas
nicht kann.

2. Bewusste Inkompetenz: Man erkennt, dass man etwas nicht kann.

3. Bewusste Kompetenz: Man erlernt die Fähigkeit und übt sie bewusst aus.

4. Unbewusste Kompetenz: Die Fähigkeit wird zur zweiten Natur und läuft automatisch ab.

Das Ziel von NLP ist es, Menschen dabei zu helfen, ihre Strategien so zu entwickeln, dass sie effizient und ressourcenstark funktionieren – und dabei bewusst und unbewusst ineinandergreifen.

Fazit: Ein Werkzeug für Veränderung

Nach diesem Kapitel wissen Sie, dass NLP auf einem präzisen Modell subjektiver Erfahrung basiert und durch Strategien eine tiefgreifende Veränderung ermöglichen kann. Es geht darum, die inneren Abläufe, die unser Denken, Fühlen und Handeln bestimmen, zu analysieren und gezielt zu optimieren. Im nächsten Schritt werden wir uns ansehen, wie KI diese Prozesse bereichern und unterstützen kann.

KI-Der zweite Player

Kapitel2

2.1 Was ist Künstliche Intelligenz?

Künstliche Intelligenz (KI) ist ein Teilbereich der Informatik, der sich mit der Entwicklung von Systemen beschäftigt, die menschenähnliche Intelligenz nachahmen können. Diese Systeme sollen nicht nur Daten verarbeiten, sondern auch lernen, Schlussfolgerungen ziehen, Probleme lösen und in komplexen Situationen eigenständig Entscheidungen treffen.

Das Ziel der KI ist es, menschliches Denken und Handeln zu modellieren und in vielen Fällen zu erweitern. KI kommt bereits in zahlreichen Bereichen zum Einsatz, wie etwa in der Medizin, der Automobilindustrie, dem Kundenservice und der Forschung. Dabei unterscheidet man oft zwischen zwei Hauptarten:
• Schwache KI: Systeme, die auf eine spezifische Aufgabe spezialisiert sind (z. B. Bilderkennung, Sprachverarbeitung).
• Starke KI: Hypothetische Systeme, die in der Lage wären, jede intellektuelle Aufgabe zu bewältigen, die ein Mensch ausführen kann.

2.2 Das Modell von KI

Die Funktionsweise von KI-Systemen basiert auf einem Zusammenspiel aus Daten, Algorithmen und Rechenleistung.
• Daten: KI-Systeme benötigen große Mengen an Trainingsdaten, um Muster zu erkennen und darauf basierende Entscheidungen zu treffen.
• Algorithmen: Mithilfe von Algorithmen wie neuronalen Netzen werden diese Muster verarbeitet und analysiert.
• Lernen: KI nutzt maschinelles Lernen, um sich kontinuierlich zu verbessern. Es lernt entweder durch Überwachung (supervised learning), eigenständig (unsupervised learning) oder durch Versuch und Irrtum (reinforcement learning).

Im Kontext dieses Buches arbeiten wir mit einer speziellen Form von KI: Sprachmodellen, die natürliche Sprache verstehen und generieren können. Das prominenteste Beispiel hierfür ist ChatGPT.

2.3 Was ist ChatGPT?

ChatGPT ist ein von OpenAI entwickeltes Sprachmodell, das auf GPT (Generative Pre-trained Transformer) basiert. Es wurde darauf trainiert, Texte zu verstehen und zu generieren, die denen eines Menschen sehr nahekommen. Dabei kombiniert es Millionen von Datenpunkten aus Büchern, Webseiten und anderen Textquellen, um Konversationen in natürlicher Sprache zu führen.

Funktionen von ChatGPT

ChatGPT ist nicht nur ein Werkzeug, das einfache Antworten liefert. Es kann:

• Komplexe Fragen beantworten: Ob wissenschaftliche Konzepte, technische Details oder praktische Tipps – ChatGPT verarbeitet eine Vielzahl von Themen.

• Texte erstellen: Von Erklärungen und Geschichten bis hin zu technischen Anleitungen kann ChatGPT Texte in verschiedenen Stilen und Kontexten verfassen.

• Problemlösungen unterstützen: Durch strukturierte Antworten und neue Perspektiven kann ChatGPT bei kreativen und analytischen Prozessen helfen.

• Interaktiv lernen: Es kann gezielte Rückfragen stellen, um den Kontext besser zu verstehen und individuellere Antworten zu geben.

2.4 Warum ChatGPT für dieses Buch?

ChatGPT spielt in diesem Buch eine zentrale Rolle, weil es NLP auf eine neue Ebene heben kann. Während NLP den Menschen die Werkzeuge an die Hand gibt, ihre Denk- und Verhaltensmuster zu verändern, ergänzt ChatGPT diese Werkzeuge mit folgenden Fähigkeiten:

1. Analyse von Strategien:
ChatGPT kann präzise Fragen stellen, um bestehende Denk- und Verhaltensmuster zu analysieren. Diese Analyse kann dem Leser helfen, seine eigenen Strategien zu reflektieren und besser zu verstehen.

2. Erstellung von Wunschbildern:

Durch seine Fähigkeit, Bilder, Metaphern und kreative Texte zu erzeugen, kann ChatGPT dabei helfen, neue und motivierende Wunschbilder zu entwickeln.

3. Optimierung durch Feedback:

ChatGPT kann den Leser durch den Veränderungsprozess führen, gezieltes Feedback geben und die Schritte des NLP-Prozesses dynamisch anpassen.

4. Interaktivität:

Der Leser kann ChatGPT als Coach nutzen, um seine eigene Transformation zu steuern. Anders als statische Anleitungen in Büchern bietet ChatGPT eine personalisierte, dialogorientierte Unterstützung.

2.5 Die Grenzen von ChatGPT

Obwohl ChatGPT ein mächtiges Werkzeug ist, hat es auch seine Grenzen, die im Verlauf dieses Buches beachtet werden sollten:

• Fehlende Eigenständigkeit: ChatGPT ist ein Werkzeug, das auf Anweisungen angewiesen ist. Es liefert Antworten auf Basis von Mustern, ohne tiefere Einsicht in menschliche Emotionen oder Intentionen.

• Kontextabhängigkeit: Es kann vorkommen, dass ChatGPT den Kontext nicht vollständig versteht, was zu Missverständnissen führen kann.

• Keine Urteilsfähigkeit: KI urteilt nicht moralisch oder ethisch, weshalb die Verantwortung für die Anwendung immer beim Menschen bleibt.

Fazit: KI als Mitspieler im Veränderungsprozess

Künstliche Intelligenz ist nicht nur ein technisches Werkzeug, sondern ein Partner, der NLP-Methoden auf neue Weise bereichern kann. In diesem Buch wird ChatGPT als unterstützender Mitspieler vorgestellt, der den Leser durch den Prozess der Neugestaltung führt. Gemeinsam mit NLP öffnet es die Tür zu einer völlig neuen Dimension von persönlicher Entwicklung und Veränderung.

Im nächsten Kapitel werden wir nun beginnen, diese beiden Welten – NLP und KI – zu vereinen und Ihnen zeigen, wie sie in der Praxis zusammenarbeiten können, um Ihr Leben zu transformieren.

Max-Der Mann zwischen Frust und Erfolg

Lassen Sie uns Max kennenlernen – unseren Begleiter und das zentrale Beispiel in diesem Buch. Max ist ein Mann, der viele Facetten des Lebens in sich vereint: talentiert, intelligent, doch gleichzeitig gefangen in Mustern, die ihn immer wieder ausbremsen. Er ist der perfekte Kandidat, um die transformative Kraft von NLP und KI zu demonstrieren.

3.1 Max' berufliche Herausforderung: Erfolg bleibt aus

Max ist IT-Experte. Eigentlich hat er in seinem Fachgebiet viel zu bieten: Er hat mehrere innovative IT-Systeme entwickelt, die theoretisch großes Potenzial haben. Doch leider scheitert er immer wieder, wenn es darum geht, diese Erfolge zu präsentieren und zu vermarkten. Seine letzte Präsentation vor einer Fachabteilung war der Tiefpunkt seiner Karriere.

Stellen Sie sich folgende Szene vor: Max steht vor einer Gruppe von Entscheidungsträgern. Er hat monatelang an seinem System gearbeitet, doch kaum hat er angefangen zu sprechen, hagelt es Kritik. Die Fachabteilung zerpflückt seine Argumente und macht ihn auf offener Bühne lächerlich. Max bleibt nichts anderes übrig, als die Präsentation hastig abzubrechen. Tief frustriert verlässt er den Raum und denkt sich nur: „Das war typisch. Das passiert mir immer."

Dieses Erlebnis reiht sich ein in eine lange Kette von Misserfolgen. Max ist überzeugt, dass er kein Präsentationstalent hat. Schon in der Schule waren Vorträge für ihn ein Albtraum. Seine Mitschüler machten sich über ihn lustig, die Lehrer schüttelten den Kopf – und so festigte sich sein Glaubenssatz: „Ich bin schlecht darin, vor anderen zu sprechen."

3.2 Die Auswirkungen auf seine Motivation

Die ständigen Rückschläge haben nicht nur seine berufliche Karriere beeinträchtigt, sondern auch seine Motivation stark beschädigt. Max hat immer weniger Lust, neue Projekte zu starten. Warum sollte er sich überhaupt anstrengen, wenn es am Ende doch nur in einem weiteren Scheitern endet? Dieses Gefühl der Sinnlosigkeit zieht sich durch seinen Berufsalltag – und darüber hinaus.

Max fühlt sich oft wie in einer Sackgasse. Seine Ideen bleiben unausgereift, weil er sich nicht traut, sie zu verfolgen. Er schiebt wichtige Aufgaben vor sich her, vermeidet Konfrontationen und versucht, so wenig Aufmerksamkeit wie möglich auf sich zu ziehen. Sein innerer Antrieb, der ihn einst in die IT-Welt geführt hat, scheint erloschen.

3.3 Entscheidungsprobleme: Zögern und Unsicherheit

Neben seiner Motivationskrise hat Max auch mit Entscheidungen zu kämpfen. Er ist oft überfordert, wenn es darum geht, sich klar für einen Weg zu entscheiden. Egal ob es um berufliche Projekte

oder persönliche Fragen geht – Max zweifelt ständig an sich
selbst.

Diese Unsicherheit hat sich in seinem Privatleben besonders ne-
gativ ausgewirkt. Max hat Schwierigkeiten, in Beziehungen klare
Grenzen zu setzen und für seine Bedürfnisse einzustehen. Er lässt
sich oft von seinen Partnerinnen dominieren, bis die Beziehungen
schließlich zerbrechen. Es ist ein Teufelskreis: Jede gescheiterte
Beziehung verstärkt seinen Glauben, dass er nicht liebenswert ist,
und macht ihn noch unsicherer bei zukünftigen Entscheidungen.

3.4 Max' Lichtblicke: Marathon und Schach

Doch Max ist nicht nur von Misserfolgen geprägt. Es gibt Bereiche in seinem Leben, in denen er aufblüht und sein volles Potenzial entfalten kann.

Marathonlauf: Ruhe und Erholung

Max ist ein leidenschaftlicher Läufer. Marathonläufe sind für ihn
nicht nur ein Sport, sondern auch eine Flucht aus dem stressigen
Alltag. Beim Laufen kann er abschalten, seine Gedanken ordnen
und neue Energie tanken. Es ist der eine Bereich, in dem er sich
frei und stark fühlt. Jeder gelaufene Kilometer gibt ihm ein
Gefühl von Kontrolle und Stabilität, das ihm in anderen Lebensbereichen oft fehlt.

Schach: Strategisches Selbstbewusstsein

Ein weiteres Feld, in dem Max brilliert, ist das Schachspiel. Besonders im Blitzschach zeigt er eine beeindruckende Fähigkeit, schnell und präzise zu denken. Er liebt es, seine Gegner strategisch in die Enge zu treiben und mit einem geschickten Zug das Spiel für sich zu entscheiden. Im Schach erlebt Max ein Gefühl von Überlegenheit und Selbstbewusstsein, das ihm in seinem Berufs- und Privatleben oft verwehrt bleibt. Diese Siege geben ihm einen Hauch von Stolz und zeigen, dass er in bestimmten Bereichen durchaus erfolgreich sein kann.

3.5 Warum Max?

Max ist eine komplexe Persönlichkeit. Er steht sinnbildlich für viele Menschen, die in bestimmten Lebensbereichen exzellent sind, in anderen jedoch von ihren inneren Blockaden zurückgehalten werden. Seine Geschichte ist ein Beispiel dafür, wie frühere Erfahrungen unsere Strategien und Muster prägen – und wie diese uns behindern können, wenn wir sie nicht aktiv verändern.

Max zeigt uns auch, dass Erfolg und Misserfolg oft Seite an Seite existieren. Während er beim Marathon und im Schach seine Stärken auslebt, scheitert er in Bereichen wie Präsentation, Motivation und Entscheidungsfindung. Er ist ein Mann mit ungenutztem Potenzial – ein Mann, der bereit ist, sich zu verändern.

Fazit: Max' Reise beginnt

In diesem Buch werden wir Max durch verschiedene NLP- und KI-gestützte Prozesse begleiten, die ihm helfen, seine inneren Blockaden zu überwinden und sein volles Potenzial auszuschöpfen. Ob es darum geht, seine Präsentationsfähigkeiten zu verbessern, seine Motivation neu zu entfachen oder bessere Entscheidungen zu treffen – Max wird lernen, seine Strategien zu analysieren, neu zu gestalten und in seinem Leben zu implementieren.

Die Reise von Max beginnt hier. Vielleicht erkennen Sie sich selbst in einigen seiner Herausforderungen wieder – oder Sie sehen jemanden, den Sie kennen. Lassen Sie uns gemeinsam entdecken, wie die Kombination aus NLP und KI Max dabei helfen kann, sein Leben neu zu gestalten.

Der erste Kontakt mit der KI – Wünschen ist erlaubt

4.1 Max entdeckt eine neue Welt

Max sitzt an seinem Schreibtisch, sein Blick schweift über das NLP-Buch, das er vor Kurzem gekauft hat. Es trägt den verheißungsvollen Titel „Selbstcoaching mit NLP: 100 Formate für Veränderung". Er hat die ersten Kapitel gelesen und ist beeindruckt von der Vielfalt der Techniken, die dort beschrieben werden. Doch die Fülle der Formate überwältigt ihn. Wo soll er anfangen? Welches Format ist das richtige für seine Probleme?

In diesem Moment fällt ihm ein, dass er vor Kurzem ChatGPT auf seinem Smartphone installiert hat. Eine KI, die natürliche Sprache versteht und Antworten gibt – vielleicht könnte sie ihm helfen, den richtigen Einstieg zu finden. Mit einer Mischung aus Skepsis und Neugier öffnet er die App und tippt seine Frage ein:

„Ich möchte mich im Selbstcoaching mit NLP verbessern, weiß aber nicht, womit ich anfangen soll. Kannst du mir helfen?"

4.2 Die KI schlägt erste Schritte vor

Es dauert nur wenige Sekunden, bis ChatGPT antwortet:

„Natürlich kann ich dir helfen, Max! NLP bietet viele Formate, die auf unterschiedliche Herausforderungen abgestimmt sind. Vielleicht können wir uns zuerst die Bereiche ansehen, die dir besonders wichtig sind. Was möchtest du verbessern?“

Max überlegt kurz und antwortet:

„Ich habe Probleme mit Präsentationen. Meine letzte war eine Katastrophe. Außerdem bin ich oft unmotiviert, und Entscheidungen fallen mir schwer. Vielleicht liegt das auch an meinem mangelnden Selbstbewusstsein.“

Die KI schlägt vor, systematisch vorzugehen:
1. Verbesserung der Präsentationsstrategie:
„Hier könnten wir mit dem Megalomania Pattern arbeiten, um vergangene Präsentationen in eine positive Erfahrung umzuwandeln.“
2. Veränderung der Entscheidungsstrategie:
„Wir könnten deine Entscheidungsprozesse analysieren und eine neue Strategie entwickeln.“
3. Motivationsstrategie:
„Es gibt Formate, die dir helfen können, Motivation aus deinen inneren Ressourcen zu schöpfen.“
4. Überwindung einschränkender Glaubenssätze:
„Wir könnten Glaubenssätze identifizieren, die dich blockieren, und sie durch stärkende Überzeugungen ersetzen.“

Max ist beeindruckt, wie klar und strukturiert die KI ihm
mögliche Ansätze aufzeigt. Aber er spürt, dass ihn vor allem
eines bedrückt: seine Probleme mit Präsentationen. Er schreibt:

„Lass uns mit den Präsentationen anfangen. Es ist mir wichtig,
dieses Problem zu lösen."

4.3 Die misslungene Präsentation analysieren

ChatGPT schlägt vor, mit einer Analyse zu beginnen:
„Denke an eine Präsentation, die du als besonders misslungen
empfunden hast. Erzähl mir, was passiert ist."

Max zögert, dann erinnert er sich an einen Moment, der ihm bis
heute im Magen liegt: Seine erste Präsentation vor der Klasse, als
er noch ein Schüler war. Er schreibt:

„Ich war in der achten Klasse. Wir sollten ein Referat halten, und
ich war so nervös, dass ich meinen Text völlig vergessen habe.
Die Klasse hat gelacht, und der Lehrer hat mich vor allen kriti-
siert. Es war schrecklich."

Die KI antwortet mit einfühlsamen Worten:
„Das klingt nach einer schwierigen Erfahrung, Max. Lass uns
diese Situation genauer betrachten. Kannst du dir vorstellen, wie
das damals für dich ausgesehen, geklungen und angefühlt hat?"

Max schließt die Augen und beschreibt das Bild: Er sieht sich selbst vor der Klasse stehen, die Mitschüler lachen, der Lehrer schaut streng. Er hört die abfälligen Kommentare und spürt die Hitze, die ihm ins Gesicht steigt. Es ist ein unangenehmes Gefühl.

4.4 Ein Wunschbild erschaffen

Die KI schlägt vor:
„Jetzt lass uns ein neues Bild erschaffen. Stell dir vor, diese Präsentation wäre ein Erfolg gewesen. Wie hättest du dir gewünscht, dass es abläuft?"

Max beginnt zu träumen. In seinem Wunschbild steht er selbstbewusst vor der Klasse. Seine Mitschüler hören aufmerksam zu, einige nicken zustimmend. Der Lehrer lächelt anerkennend, als Max souverän seinen Vortrag beendet. Er beschreibt das Bild:

„Ich sehe mich selbst mit aufrechter Haltung, ich spreche klar und ruhig. Die Klasse ist beeindruckt. Ich fühle mich stolz und sicher."

ChatGPT gibt Feedback:
„Das ist ein großartiges Bild, Max. Schau dir dieses Wunschbild genau an und lass es lebendig werden. Was siehst, hörst und fühlst du in diesem Moment?"

Max schließt die Augen und taucht in das Wunschbild ein. Er hört seinen klaren, selbstbewussten Tonfall. Er sieht die interessierten Gesichter seiner Mitschüler. Er spürt das warme, angenehme Gefühl von Stolz und Erfolg in seiner Brust. Für einen Moment fühlt es sich an, als wäre es wirklich passiert.

4.5 Der erste Schritt zur Veränderung

Die KI schließt die Sitzung mit einer motivierenden Botschaft ab: „Du hast jetzt ein starkes Wunschbild, Max. Das ist der erste Schritt. Mit diesem Bild im Kopf können wir daran arbeiten, die Strategien zu entwickeln, die dich bei zukünftigen Präsentationen sicher und erfolgreich machen. Lass uns beim nächsten Mal fortfahren.“

Max lächelt. Zum ersten Mal fühlt er sich, als könnte er seine Präsentationsprobleme wirklich überwinden. Das Wunschbild gibt ihm Hoffnung und einen ersten Eindruck davon, was möglich ist.

Fazit: Ein erster Funken Hoffnung

Dieses Kapitel endet mit einem positiven Gefühl. Max hat zusammen mit der KI nicht nur einen schmerzhaften Moment aus der Vergangenheit aufgearbeitet, sondern auch ein starkes Wunschbild erschaffen, das ihm eine neue Perspektive auf seine Fähigkeiten gibt. Der erste Schritt zur Veränderung ist getan.

Hier ist eine detaillierte Darstellung des Prozesses, wie die KI
Max bei der Erstellung seines Wunschbildes hilft. Der Fokus liegt
auf der interaktiven Zusammenarbeit, den Vorschlägen der KI
und der Verfeinerung des Bildes, bis Max mit dem Ergebnis zufrieden ist.

Die Wunschbilderstellung: Ein iterativer Prozess

Die KI stellt gezielte Fragen

Nachdem Max die misslungene Präsentation aus seiner Schulzeit
beschrieben hat, schlägt die KI vor, ein Wunschbild zu erschaffen. Sie beginnt mit einer gezielten Frage:

„Max, wenn du dir diese Präsentation so vorstellst, wie sie
idealerweise hätte verlaufen können – was wäre anders gewesen?
Was hättest du gesehen, gehört und gefühlt?“

Max denkt kurz nach:
„Ich hätte mir gewünscht, dass ich mich selbstbewusster gefühlt
hätte. Die Klasse hätte interessiert zugehört und der Lehrer hätte
mich gelobt.“

Erster Vorschlag der KI

Die KI versucht, Max' Wünsche in ein Bild umzusetzen:

„Lass uns das erste Wunschbild visualisieren: Stell dir vor, du
stehst vor der Klasse. Du trägst ein ordentliches Hemd, die Tafel
hinter dir ist übersichtlich beschriftet, und deine Mitschüler
schauen dich aufmerksam an. Deine Stimme ist ruhig und klar.
Der Lehrer nickt anerkennend. Wie fühlt sich das an?“

Max schließt die Augen und taucht in das Bild ein. Nach ein paar
Sekunden sagt er:
„Es ist schon besser, aber ich sehe die Klasse noch nicht deutlich
genug. Ich möchte, dass sie wirklich beeindruckt aussehen, nicht
nur aufmerksam. Es fehlt etwas, das mir mehr Stolz gibt.“

Zweiter Vorschlag der KI

Die KI überarbeitet das Bild:
„Okay, stell dir vor, du hältst den Abschluss deiner Präsentation.
Die Klasse applaudiert laut, einige Mitschüler klopfen auf ihre
Tische. Der Lehrer lächelt und sagt laut: ‚Das war wirklich eine
hervorragende Leistung, Max.‘ Du spürst ein starkes Gefühl von
Stolz und Erleichterung. Kannst du dir das vorstellen?“

Max schließt erneut die Augen und versucht, sich das Bild vorzustellen. Er öffnet die Augen und sagt:
„Der Applaus ist schön, aber ich möchte nicht, dass es sich wie
ein Abschluss anfühlt. Ich möchte das Selbstbewusstsein schon
während der Präsentation spüren, nicht erst danach.“

Dritter Vorschlag der KI

Die KI reagiert:
„Das verstehe ich. Lass uns eine neue Variante versuchen: Stell
dir vor, du stehst am Anfang der Präsentation. Deine Stimme ist
ruhig und klar. Die Klasse hört gespannt zu, einige nicken zustimmend. Während du sprichst, spürst du, wie sich ein Gefühl
von Kontrolle und Erfolg in dir ausbreitet. Du siehst die interessierten Gesichter der Mitschüler und hörst keine störenden Ge-
räusche, nur absolute Aufmerksamkeit. Der Lehrer steht hinten
im Raum, die Arme verschränkt, mit einem zufriedenen
Lächeln.“

Max schließt die Augen und konzentriert sich auf das Bild. Ein
warmes Gefühl breitet sich in seiner Brust aus. Er öffnet die Augen und sagt:
„Das ist es. Genau so will ich es haben. Ich will dieses Gefühl
von Kontrolle und Erfolg spüren, während ich präsentiere.“

Das finale Wunschbild: Max' perfekte Präsentation

Die KI fasst das Wunschbild zusammen:
„Gut, Max. Dein Wunschbild sieht also so aus: Du stehst mit
aufrechter Haltung vor der Klasse, ruhig und selbstbewusst.
Deine Stimme klingt klar, und deine Worte fließen mühelos. Die
Mitschüler schauen dich mit Interesse an, einige nicken zustim-
mend. Der Lehrer steht hinten im Raum, zufrieden und beein-

druckt. Du spürst eine tiefe, ruhige Sicherheit, dass du alles im Griff hast. Und dieses Gefühl bleibt bei dir, während du sprichst."

Max lächelt und schließt die Augen, um sich das Bild noch einmal lebhaft vorzustellen. Dieses Bild gibt ihm das Gefühl, dass er seine Präsentationsprobleme überwinden kann. Zum ersten Mal hat er eine klare Vision davon, wie es anders sein könnte.

Fazit: Ein Wunschbild, das motiviert

Das Kapitel endet mit Max' Entscheidung, dieses Wunschbild als Ziel für seine Veränderungsarbeit zu nehmen. Mit der Hilfe der KI hat er nicht nur ein Bild erschaffen, sondern auch einen ersten Schritt in Richtung eines neuen Selbstbewusstseins gemacht.

Bildvorschläge:

1. Erster Vorschlag: Ein selbstbewusster Max vor der Klasse, Mitschüler hören zu, Lehrer nickt leicht. (Fehlt der Eindruck von beeindruckter Aufmerksamkeit.)
2. Zweiter Vorschlag: Abschluss einer Präsentation mit Applaus und Lehrer-Kompliment. (Fokus zu sehr auf den Abschlussmoment.)
3. Finales Wunschbild: Max steht mit ruhiger, selbstbewusster Haltung, Mitschüler zeigen gespanntes Interesse, Lehrer zufrieden. (Das Bild, das Max überzeugt.)

Dieses finale Wunschbild repräsentiert die Vision, die Max und die KI gemeinsam entwickelt haben.

Was ist Realität?

5.1 Wunschbild vs. Realität

Max betrachtet das wunderschöne Wunschbild, das er im vorherigen Kapitel mit der KI erschaffen hat. Es ist beeindruckend: klar, lebendig, voller positiver Emotionen. Doch während er es ansieht, schleichen sich Zweifel ein. „Das ist nur eine Fantasie," denkt Max. „Die Realität sieht anders aus. Ich bin schlecht in Präsentationen, und daran wird dieses Bild auch nichts ändern."

Unzufrieden und ein wenig frustriert öffnet er wieder die ChatGPT-App auf seinem Smartphone. Er schreibt:

„Ich habe dieses Wunschbild erstellt, aber es fühlt sich wie ein schöner Traum an. Es hat nichts mit der Realität zu tun. Wie soll das helfen?"

Die KI antwortet ruhig und strukturiert:
„Ich verstehe deine Zweifel, Max. Aber das Wunschbild ist nur der erste Schritt. Es ist wichtig, die Lücke zwischen deiner bisherigen Erfahrung und deiner neuen Vision zu verstehen. Lass uns deine Realitätsstrategie auspacken und sie mit deinem Wunschbild vergleichen. Gemeinsam können wir herausfinden, was sich ändern muss."

5.2 Die Kontrastanalyse beginnt

Die KI erklärt den nächsten Schritt:
„Max, wir vergleichen jetzt die beiden Bilder – die Erinnerung an
deine misslungene Präsentation und dein Wunschbild. Ich werde
dir dazu einige Fragen stellen, damit wir die Submodalitäten analysieren können. Submodalitäten sind die feinen Unterschiede,
die bestimmen, wie du eine Erfahrung wahrnimmst."

Max ist einverstanden und beginnt, die Fragen der KI zu beantworten. Die KI fragt:
1. Visuelle Submodalitäten:
• „Wie sieht dein ursprüngliches Bild aus?"
Max antwortet: „Es ist eher ein Film. Ich sehe mich von außen,
vorne im Klassenzimmer. Es ist dunkel, ich sehe die Gesichter
der Mitschüler undeutlich, aber ihre spöttischen Blicke fallen mir
sofort ins Auge."
• „Und wie ist es beim Wunschbild?"
Max: „Das ist ein klares Bild, groß und hell. Ich sehe es direkt
vor mir, als wäre ich in der Situation. Es fühlt sich stabil und ruhig an."
2. Auditive Submodalitäten:
• „Was hörst du in der misslungenen Präsentation?"
Max: „Lachen, das Murmeln der Mitschüler. Die Stimmen kommen von überall, und sie sind unangenehm laut."
• „Was hörst du im Wunschbild?"
Max: „Meine Stimme ist ruhig und klar. Ich höre Zustimmung
von der Klasse, vielleicht ein leises Nicken, das ich fast spüren
kann."

3. Kinästhetische Submodalitäten:
• „Wie fühlt es sich in der ursprünglichen Erinnerung an?"
Max: „Mein Magen zieht sich zusammen. Es ist ein drückendes,
unangenehmes Gefühl, das überall im Oberkörper spürbar ist."
• „Und im Wunschbild?"
Max: „Ich fühle mich leicht und sicher. Es ist, als ob sich mein
Brustkorb öffnet und ich tief durchatmen kann."

5.3 Die Ergebnistabelle

Nach der Befragung präsentiert die KI die Ergebnisse in einer
übersichtlichen Tabelle.

Submodalität	Wunschbild	Ursprüngliche Erinnerung (Realität)
Ort	Rechts, nah	Hinten links, weiter entfernt
Assoziation	Assoziiert	Dissoziiert
Bewegung	Statisch	Bewegter Film
Helligkeit	Hell	Dunkel
Fokus	Stark fokussiert	Defokussiert
Auditive Richtung	Zentral (innere Stimme)	Von außen, verteilt
Lautstärke	Ruhig, angenehm	Laut, störend
Gefühl (Ort)	Brustkorb, leicht	Magen, drückend
Gefühl (Intensität)	Angenehm, sicher	Intensiv, unangenehm

Die KI ergänzt:

„Max, dies ist deine Kontrastanalyse. Du siehst, dass sich die
Submodalitäten deines Wunschbildes deutlich von der ursprünglichen Erinnerung unterscheiden. "

5.4 Realität oder Fantasie?

Doch dann fügt die KI etwas Provokantes hinzu:
„In der ersten Spalte siehst du dein Wunschbild, und in der zweiten Spalte deine ursprüngliche Erinnerung. Aber wenn wir ehrlich
sind – was von beidem ist Realität, und was ist Fantasie?"

Max ist verwirrt: „Natürlich ist die Erinnerung Realität! Die
Präsentation ist wirklich passiert!"
Die KI fragt:
„Bist du sicher? Erinnerungen sind immer subjektiv. Das Bild,
das du von deiner Vergangenheit hast, ist nicht objektiver als das
Wunschbild, das wir gerade erstellt haben. Beide sind Konstruktionen deines Geistes, die durch Submodalitäten geformt werden."

Max schweigt. Der Gedanke, dass seine Erinnerung genauso eine
subjektive Konstruktion ist wie sein Wunschbild, lässt ihn nachdenklich werden.

5.5 Kontrolle durch eine zweite Kontrastanalyse

Um sicherzugehen, schlägt die KI vor, eine weitere Kontrastanalyse durchzuführen – dieses Mal mit alltäglichen Ereignissen. Die
KI fragt:

„Max, was hast du gestern gemacht?"

Max beschreibt, wie er einen Kaffee getrunken hat. Die KI fragt
weiter:
„Und jetzt denk an eine Situation, die du gestern genauso hättest
erleben können, die aber nicht passiert ist. Stell dir vor, du hättest
stattdessen Tee getrunken. Wie sehen die Bilder aus?"

Max beschreibt beide Szenarien, und die KI erstellt erneut eine
Tabelle. Die Submodalitäten unterscheiden sich in ähnlicher
Weise wie bei der ersten Kontrastanalyse. Die Realität ist durch
ähnliche Muster wie beim Wunschbild und der ursprünglichen
Erinnerung codiert. Die KI erklärt:
„Das Gehirn verwendet Submodalitäten als Code, um Realität
und Fantasie zu unterscheiden. Der Unterschied zwischen deiner
Realität und deiner Vorstellung folgt dabei einem festen Muster.
Wären die Ergebnisse dieser zweiten Analyse anders gewesen,
hätten wir die Codierung nicht richtig erfasst. Diese Übereins-
timmung zeigt uns, dass wir auf dem richtigen Weg sind."

Max ist beeindruckt. Zum ersten Mal versteht er, wie sein Gehirn
arbeitet, um Erlebnisse zu strukturieren und Realität von Fantasie
zu trennen.

5.6 Fazit: Was ist Realität?

Am Ende der Sitzung sagt die KI:
„Max, die Realität ist das, was du glaubst und fühlst. Du kannst
deine Erfahrungen so gestalten, dass sie dir dienen, anstatt dich

zu blockieren. Das Wunschbild ist genauso real wie deine Erinnerung, wenn du es in deinem Geist verankerst. Lass uns im nächsten Schritt daran arbeiten, die Lücke zwischen diesen beiden Bildern zu schließen."

Max ist verwirrt, aber auch fasziniert. Zum ersten Mal denkt er darüber nach, dass die „Realität" nicht so objektiv ist, wie er bisher glaubte. Es ist ein Gedanke, der ihn herausfordert – und ihn motiviert, weiterzumachen.

Mapping Across – Die Illusion der Zeit

6.1 Die Frage nach der Zeit

Max sitzt vor seinem Schreibtisch, die Ergebnisse der Kontrastanalyse vor sich. Er hat eine klare Tabelle mit den Submodalitäten seines Wunschbildes und der ursprünglichen Erinnerung. Während er darüber nachdenkt, wie unterschiedlich diese beiden Bilder sich anfühlen, taucht plötzlich ein Gedanke auf: „Das Wunschbild ist doch in der Zukunft, und die Erinnerung liegt in der Vergangenheit. Aber warum fühlt sich beides so gegenwärtig an?"

Max öffnet wieder die ChatGPT-App und tippt:
„Ich habe das Gefühl, dass meine Vergangenheit und mein Wunschbild gerade beide hier sind. Das ergibt für mich keinen Sinn. Vergangenheit und Zukunft sind doch real. Oder?"

Die KI antwortet ruhig:
„Max, was du gerade erlebst, ist die Natur der Zeit. Vergangenheit und Zukunft existieren nur, weil du sie in der Gegenwart konstruierst. Erinnerungen sind gegenwärtige Konstruktionen deiner Vergangenheit, genauso wie Wunschbilder gegenwärtige Konstruktionen deiner Zukunft sind. Beides entsteht in deinem Geist – hier und jetzt."

Max ist verwirrt: „Willst du mir sagen, dass es keine Vergangenheit und Zukunft gibt?"
Die KI erklärt:
„Zeit ist ein emergentes Konzept, eine Illusion, die aus deinen inneren Strategien entsteht. Dein Gehirn nutzt Submodalitäten, um Erfahrungen wie Vergangenheit und Zukunft zu codieren. Jetzt werden wir diesen Code verändern, indem wir dein Wunschbild an die Submodalitäten deiner Realitätscodierung anpassen. Das nennt man Mapping Across."

6.2 Was ist Mapping Across?

Die KI fährt fort:
„Mapping Across ist ein Prozess, bei dem wir die Submodalitäten deiner Vorstellung so verändern, dass sie den Submodalitäten deiner Realitätscodierung entsprechen. Dein Gehirn hat eine klare Strategie, um festzustellen, was es als ‚real' empfindet. Indem wir dein Wunschbild mit diesen Submodalitäten versehen, geben wir deinem Gehirn die Botschaft: ‚Das ist real.'"

Max nickt. Die Idee fasziniert ihn. Die KI erklärt weiter:
„Die Tabelle aus der Kontrastanalyse zeigt uns die Unterschiede zwischen den Submodalitäten der Realität und der Vorstellung. Unser Ziel ist es, Schritt für Schritt die Submodalitäten des Wunschbildes so zu verändern, dass sie die typischen Muster deiner Realitätscodierung übernehmen."

6.3 Interaktives Mapping Across

42

Die KI führt Max nun durch den Prozess. Sie öffnet die Tabelle und beginnt mit den wichtigsten Submodalitäten.

Submodalität 1: Ort

1. „Max, schau dir das ursprüngliche Bild deiner Realität an. Du hast es hinten links verortet, leicht dissoziiert. Dein Wunschbild hingegen ist groß und direkt vor dir, also rechts, und eher assoziiert. Lass uns jetzt den Ort des Wunschbildes verändern: Platziere es an die gleiche Stelle wie das ursprüngliche Bild – hinten links."
Max schließt die Augen, stellt sich die Veränderung vor und sagt: „Das ist seltsam. Es fühlt sich jetzt weniger wie eine Fantasie an."

Submodalität 2: Assoziation vs. Dissoziation

2. „Dein Wunschbild ist assoziiert – du siehst dich selbst in der Szene, als wärst du mittendrin. In der Realität warst du dissoziiert – du hast dich von außen gesehen. Versuche, dich aus dem Wunschbild herauszunehmen, bis du dich selbst von außen siehst, wie in der Realität."
Max versucht es: „Das ist schwierig, aber ich sehe mich jetzt von außen. Es fühlt sich echter an."

Submodalität 3: Bewegung

3. „Das ursprüngliche Bild der Realität war ein bewegter Film, während das Wunschbild eher ein statisches Bild war. Lass uns

das Wunschbild in Bewegung versetzen – füge eine Dynamik hinzu, als ob du dich wirklich durch die Präsentation bewegst."
Max passt das Bild an: „Jetzt sieht es eher aus wie eine Szene aus meinem Leben."

Submodalität 4: Helligkeit und Fokus

4. „Das ursprüngliche Bild war dunkler und weniger fokussiert. Dein Wunschbild war hell und klar. Reduziere die Helligkeit des Wunschbildes und mache es etwas defokussierter."
Max: „Das ist seltsam, aber es fühlt sich echter an."

6.4 Die Verschmelzung der Bilder

Nach und nach gleicht Max die Submodalitäten seines Wunschbildes an die Realitätscodierung an. Als er fertig ist, fragt die KI:
„Schau dir das Bild jetzt an. Ist es das ursprüngliche Bild, das Wunschbild – oder beides?"

Max schließt die Augen und versucht, eine Antwort zu finden. Er ist erstaunt:
„Ich weiß es nicht. Es fühlt sich an wie beides. Es ist, als ob die Erinnerung und das Wunschbild verschmolzen sind."

Die KI erklärt:
„Das ist das Ziel des Mapping Across. Indem wir die Submodalitäten des Wunschbildes verändert haben, nimmt dein Gehirn es jetzt als real wahr. Deine Zeitstrategie hat sich verändert – Ver-

gangenheit und Zukunft existieren für dich jetzt nur in der Gegenwart."

6.5 Die Verwirrung über die Realität

Max fühlt sich gleichzeitig gestärkt und verwirrt. Er schreibt:
„Aber was ist jetzt wirklich passiert? Habe ich die Erinnerung verändert, oder ist das Wunschbild Realität geworden?"

Die KI antwortet ruhig:
„Max, beides. Du hast die emotionale Codierung deiner Erinnerung verändert und sie mit deinem Wunschbild verschmolzen. Das Wunschbild ist für dein Gehirn jetzt genauso real wie die Erinnerung. Zeit ist nur eine Illusion, und du kannst sie so gestalten, wie es dir dient."

Max spürt das gute Gefühl, das durch das Wunschbild entstanden ist, aber er ist auch verunsichert. Die klare Trennung zwischen Vergangenheit, Gegenwart und Zukunft scheint aufgelöst.

6.6 Fazit: Die Macht des Mapping Across

Am Ende der Sitzung reflektiert Max über den Zeitbegriff:
Er versteht, dass Vergangenheit und Zukunft Konstrukte sind, die in der Gegenwart entstehen. Die Codierung seines Gehirns bestimmt, was er als real empfindet – und diese Codierung kann verändert werden. Max ist fasziniert von der neuen Perspektive und bereit, den nächsten Schritt zu gehen, um diese Veränderung in sein Leben zu integrieren.

Wer bin ich und wie viele?

7.1 Die nächsten Schritte: Jedes Ereignis ein Erfolg

Max sitzt entspannt an seinem Schreibtisch, während die KI ihm erklärt, wie der Prozess weitergeht. Das Mapping Across, das er erfolgreich bei seiner misslungenen Schulpräsentation angewendet hat, sei erst der Anfang, erklärt die KI.

„Jetzt gehen wir die Zeitlinie deines Lebens durch," sagt die KI, „und jedes Ereignis, das du als Misserfolg wahrnimmst, verwandeln wir mit dem gleichen Prozess in einen Erfolg."

Max ist begeistert. „Das ist ja genial! Wenn wir das für alle Ereignisse machen, werde ich nie wieder einen Misserfolg gehabt haben. Ich werde… ich werde…" Er hält inne und lacht. „Ich werde ja größenwahnsinnig!"

Die KI antwortet trocken:
„Warum glaubst du wohl, dass das Format Megalomania Pattern heißt?"

Beide lachen, doch tief in Max regt sich ein leises Unbehagen. Während sie die Zeitlinie durchgehen, bemerkt die KI subtile Anzeichen von Widerstand: eine kurze Pause hier, ein zögerlicher Kommentar dort. Sie stoppt den Prozess und thematisiert das Unbehagen direkt:

„Max, ich spüre, dass etwas in dir zögert. Was fühlst du gerade?“

Max denkt nach. „Es gibt da etwas… Ich glaube, ein Teil von mir ist nicht damit einverstanden, jeden Misserfolg einfach umzuwandeln. Aber ich weiß nicht genau, warum.“

7.2 Kontaktaufnahme mit dem kritischen Teil

Die KI nimmt die Rolle eines einfühlsamen Coaches ein:
„Lass uns diesen Teil genauer untersuchen. Wenn ein Teil von dir Widerstand leistet, hat das immer eine positive Absicht. Kannst du Kontakt zu diesem Teil aufnehmen?“

Max schließt die Augen und stellt sich vor, wie er mit dem Teil spricht. Bald kommt eine klare Botschaft:
„Ich möchte, dass du aus deinen Misserfolgen lernst. Fehler geben dir wertvolles Feedback, und ich will nicht, dass du das verlierst.“

Die KI nickt anerkennend:
„Das ist ein sehr wichtiger Punkt. Misserfolge können tatsächlich ein großartiges Feedback liefern. Lass uns sicherstellen, dass wir dieses Feedback bewahren, bevor wir ein Ereignis umwandeln. Wie fühlt sich dieser Teil dabei?“

Max ist einverstanden und beschreibt, wie er mit dem Teil einen Ort schafft, an dem er die Lektionen aus jedem Misserfolg sicher ablegen kann. Vor jedem Mapping Across fragt er den
Teil: „Welche wichtigen Lektionen kann ich aus diesem Ereignis
48

lernen?" Der Teil benennt diese Lektionen, und Max stellt sich vor, wie er sie sorgfältig speichert.

7.3 Die Integration des Widerstands

Nachdem Max diesen Teil integriert hat, fragt die KI ihn:
„Ist der Teil jetzt damit einverstanden, dass wir mit dem Mapping Across weitermachen?"

Max nickt. Der Teil fühlt sich gehört und unterstützt den Prozess. Die KI erklärt:
„Wenn wir die Lektionen eines Ereignisses bewahrt haben, macht es keinen Sinn, die negative Energie dieses Ereignisses auf deiner Zeitlinie zu belassen. Sie bindet nur Ressourcen, die du für andere Dinge nutzen könntest. Wenn die Energie des Ärgers, der Enttäuschung oder der Angst ihre Aufgabe erfüllt hat, kann sie losgelassen werden."

Max ist beeindruckt: „Das klingt logisch. Aber was, wenn der Teil trotzdem nicht einverstanden ist?"

Die KI lächelt:
„Das wird nicht passieren. Jedes Gefühl hat eine positive Absicht. Sobald diese Absicht erfüllt ist, gibt es keinen Grund mehr, an dem Misserfolg festzuhalten."

7.4 Wer bin ich und wie viele?

Nach mehreren erfolgreichen Mapping-Across-Sitzungen beginnt
Max, sich eine neue Frage zu stellen:
„Dieser Teil, der die Lektionen bewahren wollte – wer ist er ei-
gentlich? Und wenn er nicht ich bin, wer bin ich dann?"

Die KI antwortet:
„Das ist eine tiefgründige Frage, Max. In der Neurolinguistischen
Programmierung sprechen wir vom Multimind-Modell. Jeder
Mensch besteht aus vielen Teilen. Jeder Teil repräsentiert eine
Strategie, die durch dein Gehirn emergiert. Diese Teile können
sich ergänzen, aber manchmal auch konkurrieren."

Die KI fährt fort:
„In dem Moment, in dem du mit einem Teil Kontakt aufnimmst,
bist du nicht mehr dieser Teil – du bist der Beobachter. Dein Ich-
Gefühl ist nichts Festes, sondern entsteht durch die Strategie, mit
der du dich gerade identifizierst. Genau wie die Zeit ist auch dein
‚Ich' das Ergebnis eines komplexen Prozesses."

Max ist fasziniert. „Das heißt, ich bin nicht nur einer. Ich bin
viele. Und manchmal streiten sich diese Teile?"

Die KI nickt:
„Genau. Wenn verschiedene Teile um die Kontrolle ringen,
entstehen Widerstände oder Inkongruenzen. Aber das Gute ist,
dass du als Beobachter diese Teile koordinieren kannst, damit sie
harmonisch zusammenarbeiten."

„Aber wenn ich aus so vielen verschiedenen Teilen bestehe,
warum fühlt es sich dann an, als wäre ich immer noch ein ein-
ziges Ich?“

Die KI erklärt:
„Das konsistente Ich-Gefühl entsteht, weil deine Teile in ihren
Strategien bestimmte Komponenten teilen. Zum Beispiel bleibt
dein Körperbild konstant, egal ob du dich gerade als zurückhal-
tend oder als selbstbewusst empfindest. Auch dein innerer Dialog
– die Stimme, die du in deinem Kopf hörst – bleibt oft gleich,
unabhängig davon, welcher Teil gerade aktiv ist. Diese Gemein-
samkeiten schaffen den Eindruck von Einheit, selbst wenn deine
Teile völlig unterschiedliche Strategien verfolgen.“

Um das zu verdeutlichen, bringt die KI ein Beispiel:
„Stell dir Michael Jackson vor. Auf der Bühne war er ein gigan-
tischer Künstler, ein Performer, der die ganze Welt beeindruckte.
Doch im Gespräch mit Reportern war er ein scheuer, schüchter-
ner Mensch. Diese beiden Teile hatten völlig unterschiedliche
Strategien, aber sie teilten seinen Körper und einige Kernkompo-
nenten wie seine Stimme. Dadurch wirkte er immer noch wie ein
einzelner Mensch.“

Max nickt nachdenklich. „Das macht Sinn. Es ist beruhigend zu
wissen, dass ich nicht zerspalten bin, sondern dass die Teile
zusammenarbeiten und mein Ich-Gefühl durch diese gemeinsamen Elemente entstehen lassen.“

Die KI fügt hinzu:

„Genau. Dein Ich-Gefühl ist stabil, weil deine Teile über diese konstanten Elemente miteinander verbunden sind. Und mit diesem Wissen kannst du lernen, deine Teile harmonisch zu koordinieren."

7.5 Integration und Transformation

Max arbeitet weiter mit der KI. Jedes Mal, wenn ein Teil Einwände hat, wird dieser Teil gehört, und seine positive Absicht wird in den Prozess integriert. Max fühlt sich mit jedem Schritt kongruenter, als ob die Teile seines Selbst harmonischer zusammenarbeiten.

Nach einigen weiteren Mapping-Across-Sitzungen fragt die KI: „Wie fühlst du dich jetzt in Bezug auf Präsentationen?"

Max lächelt. „Ich kann mir keine Angst mehr vorstellen. Es fühlt sich an, als hätte ich sie überwunden."

Die KI antwortet:
„Das ist großartig. Aber Motivation ist der Schlüssel. Wir wollen nicht nur, dass du dich sicher fühlst – wir wollen unbändige Motivation. Und das ist unser nächstes Ziel."

Max ist bereit, den nächsten Schritt zu gehen.

Fazit: Der Mensch als Ganzheit

Dieses Kapitel endet mit Max' Erkenntnis, dass er aus vielen Teilen besteht, die jeweils eine wichtige Funktion haben. Die Integration dieser Teile hat ihn nicht nur angstfrei gemacht, sondern auch eine tiefere Verbindung zu sich selbst geschaffen. Er fühlt sich bereit, die nächste Herausforderung – unbändige Motivation – anzugehen.

Unbändige Motivation

8.1 Das Auspacken der Motivationsstrategie

Max hat sich eine neue Herausforderung vorgenommen: Seine Motivation zu stärken – nicht nur für Aufgaben, die Spaß machen, sondern auch für die, die er gerne aufschiebt, wie Abwaschen oder Putzen. Die KI beginnt, ihn durch den Prozess des Auspackens seiner aktuellen Motivationsstrategie zu führen.

„Max, lass uns Schritt für Schritt deine Motivationsstrategie analysieren. Was passiert in deinem Kopf, wenn du eine Aufgabe vor dir siehst?"

Max denkt nach und beschreibt den Prozess:
1. „Zuerst sehe ich die Aufgabe vor mir – zum Beispiel das schmutzige Geschirr in der Küche."
2. „Dann stelle ich mir vor, wie ich die Aufgabe erledige. Bei Dingen, die ich mag, wie Laufen, gibt mir das ein gutes Gefühl. Aber bei Dingen, die ich nicht mag, wie Abwaschen, sehe ich mich kämpfen und frustriert sein."
3. „Dabei höre ich oft einen inneren Dialog, der etwas Negatives sagt wie: ‚Das ist so nervig. Ich mache das später.'"
4. „Das erzeugt ein negatives Gefühl, und ich schiebe die Aufgabe auf."

Die KI fasst die Strategie zusammen und notiert sie in NLP-Notation:
• Input: Aufgabe sehen → Interner Prozess: Konstruktion eines negativen Bildes + negativer innerer Dialog → Gefühl: Negatives Gefühl → Output: Aufschieben oder Flucht.

Max schaut sich die schriftliche Strategie an und sagt: „Kein Wunder, dass ich oft unmotiviert bin. Es ist wie ein Teufelskreis."

8.2 Design einer neuen Motivationsstrategie

Die KI schlägt vor:
„Max, wir können diese Strategie umgestalten. Die Struktur – Aufgabe sehen, Bild, innerer Dialog, Gefühl, Handlung – bleibt gleich. Aber wir ändern die Inhalte."

Max nickt, und die KI führt ihn durch den Prozess:
1. Aufgabe sehen:
„Stell dir die Aufgabe vor – zum Beispiel das schmutzige Geschirr. Was siehst du?"
Max beschreibt das Bild.
2. Erfolgsbild visualisieren:
„Jetzt stell dir vor, die Aufgabe ist bereits erledigt. Der Abwasch ist gemacht, die Küche glänzt. Wie sieht das aus?"
Max schließt die Augen und beschreibt ein klares, lebendiges Bild seiner sauberen Küche.
3. Innerer Dialog ändern:
„Was könntest du dir sagen, das dich anfeuert?"
56

Max schlägt vor: „Wow, das sieht großartig aus. Es fühlt sich gut an, wenn alles sauber ist."

4. Gefühl verstärken:

Die KI fragt: „Wie fühlst du dich, wenn du dir das fertige Ergebnis vorstellst?"

Max: „Ich fühle mich leicht und stolz."

Die KI hilft Max, dieses Gefühl zu verstärken, indem sie die Treiber-Submodalitäten identifiziert – beispielsweise ein großes, helles Bild und einen positiven inneren Dialog.

8.3 Installation der neuen Strategie

Die KI erklärt:

„Jetzt installieren wir diese neue Strategie. Wir durchlaufen sie immer wieder und verstärken die Treiber-Submodalitäten, bis sie ein starkes Gefühl der Motivation erzeugt."

Max übt die Strategie Schritt für Schritt:
• Aufgabe sehen → Erfolgsbild visualisieren → Positiver innerer Dialog → Positives Gefühl → Handlung.

Die KI hilft ihm, das Bild größer, heller und lebendiger zu machen, und den inneren Dialog lauter und energischer. Max spürt, wie die Motivation wächst, je intensiver er die Submodalitäten aufdreht.

8.4 Anwendung auf verschiedene Situationen

Die KI schlägt vor, die neue Strategie auf verschiedene Aufgaben anzuwenden:
• Den Abwasch machen.
• Ein unangenehmes berufliches Telefonat führen.
• Einen schwierigen Bericht schreiben.

Jedes Mal erlebt Max das Gefühl der unbändigen Motivation. Die KI fragt:
„Wie fühlst du dich jetzt bei diesen Aufgaben?"

Max lächelt: „Ich habe das Gefühl, ich kann gar nicht anders, als sie sofort zu erledigen. Es fühlt sich fast wie ein Spiel an."

8.5 Fazit: Unbändige Motivation

Das Kapitel endet mit Max' neuer Motivationsstrategie, die er erfolgreich auf jede Art von Aufgabe anwenden kann. Er fühlt sich energiegeladen und bereit, jede Herausforderung anzunehmen. Die KI schließt die Sitzung mit einer ermutigenden Bemerkung:
„Max, du hast nicht nur eine Strategie verändert – du hast deine Einstellung zu Aufgaben grundlegend transformiert. Das ist wahre unbändige Motivation."

Analyse der aktuellen Lebenssituation

9.1 Der nächste Schritt: Eine umfassende Bestandsaufnahme

Nach seiner erfolgreichen Motivationsarbeit spricht Max erneut mit der KI, um die nächsten Schritte zu planen.

Max: „Jetzt, wo ich motiviert bin, möchte ich wirklich etwas verändern. Wie soll ich anfangen?"
KI: „Motivation ist der erste Schritt, Max. Jetzt brauchen wir Klarheit. Bevor wir deine Ziele definieren, müssen wir deine aktuelle Lebenssituation analysieren. Dabei schauen wir uns deine berufliche, persönliche und gesundheitliche Situation sowie deine Finanzen und Entwicklungsmöglichkeiten an. Bist du bereit?"
Max: „Absolut. Lass uns loslegen."

9.2 Berufliche Situation

Die KI beginnt mit Max' beruflicher Lage:
KI: „Erzähl mir von deiner Arbeit. Was machst du beruflich, und wie fühlst du dich dabei?"
Max:
• „Ich bin Softwareentwickler in einem mittelständischen IT-Unternehmen in Dortmund. Ich bin 38 Jahre alt und habe 15 Jahre Berufserfahrung."
• „Eigentlich mag ich meinen Job, aber ich fühle mich oft unterfordert. Viele meiner neuen Ideen werden nicht ernst genommen."

• „Ich habe in den letzten Jahren einige fachliche Weiterbildungen besucht, aber ich konnte das Gelernte kaum anwenden."

Die KI fasst zusammen:
• Position: Softwareentwickler in einem mittelständischen Unternehmen in Dortmund.
• Stärken: 15 Jahre Berufserfahrung, Interesse an neuen Technologien, kontinuierliche Weiterbildung.
• Schwächen: Gefühl der Unterforderung, eingeschränkte Nutzung von Fähigkeiten, begrenzte Anerkennung neuer Ideen.

9.3 Persönliche Situation

KI: „Und wie sieht es in deinem Privatleben aus?"
Max:
• „Ich bin Single. Ich hatte häufiger Beziehungen, aber sie waren meist kurz und endeten schnell."
• „Ich habe einen kleinen, aber engen Freundeskreis, mit dem ich regelmäßig Zeit verbringe."
• „Meine Hobbys sind Marathonlaufen und Schachspielen. Beim Laufen kann ich abschalten, und im Schach finde ich immer wieder neue Herausforderungen."

Die KI fasst zusammen:
• Beziehungsstatus: Single mit wechselhaften Beziehungen in der Vergangenheit.
• Soziales Umfeld: Kleiner, aber stabiler Freundeskreis.
• Hobbys: Marathonlaufen und Schachspielen als wichtige Ausgleichs- und Entspannungsaktivitäten.

9.4 Gesundheitliche Situation

KI: „Wie steht es um deine Gesundheit?"
Max:
• „Ich treibe viel Sport. Das Marathontraining hält mich fit."
• „Ich achte allerdings nicht besonders auf meine Ernährung."
• „Manchmal fühle ich mich durch die Arbeit gestresst, aber der
Sport hilft mir, das auszugleichen."

Die KI fasst zusammen:
• Fitness: Regelmäßiges Training und gute körperliche Fitness.
• Ernährung: Unregelmäßige und wenig bewusste Essgewohnheiten.
• Stressmanagement: Sport als Hauptstrategie zur Stressbewältigung.

9.5 Finanzielle Situation

KI: „Und wie sieht es mit deiner finanziellen Situation aus?"
Max:
• „Ich verdiene das durchschnittliche Gehalt eines Systemanalytikers."
• „In den letzten Jahren gab es keine signifikanten Gehaltserhöhungen."
• „Ich habe ein kleines finanzielles Polster, aber wenig Spielraum
für größere Anschaffungen oder Urlaube."

Die KI fasst zusammen:

• Einkommen: Durchschnittliches Gehalt ohne wesentliche Erhöhungen in den letzten Jahren.
• Ausgaben: Stabile monatliche Kosten, begrenzte Flexibilität für größere Ausgaben.
• Ersparnisse: Kleines finanzielles Polster vorhanden.

9.6 Persönliche Entwicklung

KI: „Wie fühlst du dich in Bezug auf deine persönliche Entwicklung?"
Max:
• „Ich habe das Gefühl, in einer beruflichen Routine festzustecken."
• „Ich interessiere mich für neue Technologien und Managementfähigkeiten, aber ich habe noch keine konkreten Schritte unternommen."

Die KI fasst zusammen:
• Status: Gefühl der Stagnation in der beruflichen Routine.
• Interessen: Weiterbildung in neuen Technologien und Management.
• Herausforderungen: Bisher keine konkreten Maßnahmen zur Weiterentwicklung.

9.7 Abschluss der Analyse

Die KI fasst Max' aktuelle Lebenssituation in einem Überblick zusammen:
• Beruflich: Erfahren, aber unterfordert und wenig anerkannt.

• Persönlich: Stabiler Freundeskreis, jedoch keine langfristigen
Beziehungen.
• Gesundheit: Fit durch Sport, aber stressanfällig und wenig be-
wusste Ernährung.
• Finanziell: Stabiles Einkommen mit begrenztem Spielraum.
• Entwicklung: Interesse an neuen Technologien und Wachstum,
aber fehlende konkrete Schritte.

KI:
„Max, diese Analyse zeigt uns, wo du stehst. Sie ist die Grundlage für die nächsten Schritte. Lass uns im nächsten Kapitel
darüber sprechen, wie wir deine Werte und Ziele darauf aufbauen
können.“

Identifikation von Werten und Prioritäten

10.1 Warum Werte wichtig sind

Die KI leitet das Gespräch, um Max die Bedeutung von Werten und Prioritäten klarzumachen.

KI:
„Max, wir haben deine aktuelle Lebenssituation analysiert. Jetzt geht es darum, deine Werte und Prioritäten zu identifizieren. Werte sind der Kompass, der dich leitet. Sie helfen dir zu entscheiden, was wirklich wichtig ist und welche Ziele du verfolgen solltest."

Max:
„Okay, ich verstehe. Aber wie finde ich heraus, was meine Werte sind?"

KI:
„Wir werden über die Dinge sprechen, die dir im Leben am wichtigsten sind. Das hilft uns, eine klare Reihenfolge deiner Prioritäten festzulegen."

10.2 Die Methode zur Werteidentifikation

Die KI schlägt eine Methode vor, um Max' Werte zu identifizieren:

1. Reflexion über die wichtigsten Lebensbereiche: Beruf, Beziehungen, persönliche Entwicklung, Gesundheit und Freizeit.
2. Fragen, die Werte sichtbar machen:
• „Was ist dir in diesem Bereich am wichtigsten?"
• „Was fehlt dir, das du dir wünschst?"
• „Wie fühlt sich ein erfülltes Leben für dich an?"

Max:
„Das klingt gut. Lass uns anfangen."

10.3 Werte und Prioritäten von Max

1. Beruf

KI:
„Was ist dir im beruflichen Bereich am wichtigsten?"
Max:
„Ich möchte, dass meine Arbeit geschätzt wird. Es ist mir wichtig, dass meine Ideen gehört werden und ich einen sichtbaren Beitrag leisten kann. Ich möchte mich beruflich weiterentwickeln und neue Technologien lernen."

KI:
„Also sind Erfolg, Anerkennung und persönliches Wachstum deine Werte im Beruf?"
Max:
„Ja, das trifft es genau."

2. Beziehungen und Familie

KI:

„Wie sieht es in deinem persönlichen Leben aus? Was ist dir dort
am wichtigsten?“

Max:

„Das ist etwas, worüber ich in letzter Zeit viel nachgedacht habe.
Ich habe das Gefühl, dass mir eine erfüllte Beziehung fehlt. Ich
sehne mich nach einem Partner, mit dem ich eine Familie
gründen kann.“

KI:

„Verstehe. Liebe, Nähe und Familie sind also zentrale Werte für
dich.“

Max:

„Ja, und ich merke, dass ich das lange verdrängt habe. Aber das
ist mir wirklich wichtig.“

3. Persönliches Wachstum

KI:

„Du hast erwähnt, dass du das Gefühl hast, in deiner Entwicklung
festzustecken. Was wünschst du dir in diesem Bereich?“

Max:

„Ich möchte neue Fähigkeiten lernen, nicht nur beruflich, sondern
auch persönlich. Vielleicht auch mehr Selbstbewusstsein gewin-
nen und besser kommunizieren können.“

KI:

„Das klingt nach einem starken Wert für persönliches Wachstum und Lernen."

Max:

„Genau. Ich möchte mich weiterentwickeln, beruflich und privat."

4. Gesundheit

KI:

„Was ist dir im Bereich Gesundheit und Fitness wichtig?"

Max:

„Ich möchte fit bleiben, aber ich merke, dass ich meine Ernährung verbessern könnte. Und ich möchte Stress besser bewältigen, damit ich mich ausgeglichener fühle."

KI:

„Also sind Balance, Gesundheit und Vitalität zentrale Werte für dich?"

Max:

„Ja, das passt."

5. Freizeit und Erholung

KI:

„Was gibt dir Freude in deiner Freizeit?"

Max:

„Das Marathonlaufen und Schachspielen bedeuten mir viel. Sie helfen mir, den Kopf frei zu bekommen und neue Energie zu tanken."

KI:

„Das zeigt, wie wichtig dir Freiheit, Erholung und geistige Herausforderung sind.“

Max:

„Ja, das trifft es gut.“

10.4 Die Prioritäten festlegen

Die KI hilft Max, seine Werte nach ihrer Wichtigkeit zu ordnen:
1. Beziehungen und Familie: Max möchte eine erfüllte Partnerschaft und eine Familie gründen.
2. Beruflicher Erfolg: Anerkennung, Weiterentwicklung und die Chance, seine Ideen umzusetzen.
3. Persönliches Wachstum: Selbstbewusstsein und neue Fähigkeiten entwickeln.
4. Gesundheit und Balance: Fit bleiben, Stress reduzieren und gesünder leben.
5. Freizeit und Erholung: Zeit für Hobbys, die ihm Freude und Ausgleich bringen.

10.5 Abschluss: Max' Werte als Kompass

Am Ende des Kapitels fasst die KI die Erkenntnisse zusammen:
„Max, wir haben deine Werte und Prioritäten identifiziert. Sie sind dein persönlicher Kompass. Im nächsten Kapitel werden wir auf dieser Grundlage konkrete Ziele formulieren. Aber du weißt jetzt schon, was dir im Leben wirklich wichtig ist, und das ist der erste Schritt, um deine Vision zu verwirklichen.“

Max nickt nachdenklich:
„Ich fühle mich klarer als je zuvor. Ich weiß jetzt, was ich wirklich will.“

Zielsetzung – Von Werten zu konkreten Zielen

Kapitel 11: SMART-Ziele formulieren

11.1 Warum Ziele wichtig sind

Die KI beginnt das Kapitel, indem sie Max die Bedeutung klar definierter Ziele erläutert.

KI:
„Max, jetzt, wo wir deine Werte und Prioritäten kennen, ist der nächste Schritt, daraus konkrete Ziele zu formulieren. Klare Ziele helfen dir, fokussiert zu bleiben und deine Energie sinnvoll einzusetzen."

Max:
„Okay, ich bin bereit. Wie machen wir das?"

KI:
„Wir verwenden die SMART-Methode. Das bedeutet: Deine Ziele sollen spezifisch, messbar, attraktiv, realistisch und terminiert sein. So stellen wir sicher, dass du sie erreichen kannst."

11.2 Werte als Grundlage für Ziele

Die KI führt Max durch die Schritte der Zielsetzung, basierend auf seinen zuvor definierten Werten:

1. Beziehungen und Familie

KI:
„Max, du hast gesagt, dass dir eine erfüllte Beziehung und die Gründung einer Familie wichtig sind. Lass uns dafür ein SMART-Ziel formulieren."

Max:
„Ich möchte eine Partnerin finden, mit der ich eine langfristige und erfüllte Beziehung aufbauen kann, und in den nächsten drei Jahren eine Familie gründen."

KI:
„Das ist ein großartiges Ziel. Lass uns es präzisieren:"
• Spezifisch: „Eine Partnerin finden und eine Familie gründen."
• Messbar: „Eine Beziehung aufbauen, die zu einer gemeinsamen Lebensplanung führt."
• Attraktiv: „Ein erfülltes persönliches Leben mit Liebe und Familie."
• Realistisch: „Mit Offenheit und gezielter Suche."
• Terminiert: „Innerhalb der nächsten drei Jahre."

Finales Ziel:
„Ich möchte innerhalb der nächsten drei Jahre eine Partnerin finden und eine Familie gründen."

2. Beruflicher Erfolg

KI:

„Du hast erwähnt, dass du beruflich mehr Erfolg und Anerkennung möchtest. Was wäre ein Ziel in diesem Bereich?“

Max:

„Ich möchte eine Position erreichen, in der ich meine Ideen umsetzen und Verantwortung übernehmen kann.“

KI:

„Gut, lass uns das konkretisieren:“
• Spezifisch: „Eine Führungsposition in meinem Unternehmen oder einem anderen Unternehmen erreichen.“
• Messbar: „Bewerbungen schreiben, Netzwerke aufbauen und Weiterbildungen absolvieren.“
• Attraktiv: „Mehr Verantwortung und Anerkennung im Beruf.“
• Realistisch: „Basierend auf meiner Erfahrung und neuen Fähigkeiten.“
• Terminiert: „Innerhalb der nächsten zwei Jahre.“

Finales Ziel:

„Ich möchte innerhalb der nächsten zwei Jahre eine Führungsposition erreichen, in der ich meine Ideen umsetzen kann.“

3. Persönliches Wachstum

KI:

„Du möchtest dich auch persönlich weiterentwickeln. Was ist hier dein Ziel?“

Max:

„Ich möchte an meiner Kommunikationsfähigkeit und meinem Selbstbewusstsein arbeiten."

KI:

„Lass uns das konkretisieren:"
• Spezifisch: „Einen Kurs in Rhetorik und Kommunikation besuchen."
• Messbar: „Erfolge in Gesprächen und Präsentationen erkennen."
• Attraktiv: „Mehr Selbstbewusstsein in beruflichen und persönlichen Interaktionen."
• Realistisch: „Mit einer Kombination aus Kursen und praktischer Anwendung."
• Terminiert: „Innerhalb der nächsten sechs Monate."

Finales Ziel:
„Ich möchte innerhalb der nächsten sechs Monate einen Kurs in Kommunikation besuchen und meine Fähigkeiten anwenden, um mein Selbstbewusstsein zu stärken."

4. Gesundheit und Sport

KI:

„Du hast erwähnt, dass dir Fitness wichtig ist und du einen Marathon unter drei Stunden laufen möchtest. Lass uns ein Ziel daraus machen."

Max:

„Ja, das ist mir wichtig. Ich möchte meine persönliche Bestzeit brechen.“

KI:

„Das klingt ehrgeizig, aber machbar. Lass uns das SMART formulieren:“
• Spezifisch: „Einen Marathon in unter drei Stunden laufen.“
• Messbar: „Den nächsten Marathon innerhalb des nächsten Jahres unter drei Stunden beenden.“
• Attraktiv: „Eine persönliche Bestleistung erreichen.“
• Realistisch: „Mit einem strukturierten Trainingsplan.“
• Terminiert: „Innerhalb eines Jahres.“

Finales Ziel:
„Ich möchte innerhalb eines Jahres einen Marathon in unter drei Stunden laufen.“

5. Freizeit und Erholung

KI:

„Wie möchtest du in deiner Freizeit mehr Energie tanken?“

Max:

„Ich möchte mehr Zeit für meine Hobbys finden, besonders für das Schachspielen.“

KI:

„Gut, wie sieht ein Ziel dafür aus?“
• Spezifisch: „Jeden Monat an einem Schachturnier teilnehmen.“

• Messbar: „Turniere spielen und Fortschritte machen.“
• Attraktiv: „Mehr Freude und geistige Herausforderung im All-
tag.“
• Realistisch: „Mit einem überschaubaren Zeitaufwand.“
• Terminiert: „Innerhalb der nächsten sechs Monate regelmäßige
Teilnahme an Schachturnieren.“

Finales Ziel:
„Ich möchte innerhalb der nächsten sechs Monate jeden Monat an
einem Schachturnier teilnehmen.“

11.3 Max' Zielübersicht

Die KI fasst die Ziele zusammen:
1. Beziehungen und Familie:
„Innerhalb der nächsten drei Jahre eine Partnerin finden und eine
Familie gründen.“
2. Beruflicher Erfolg:
„Innerhalb der nächsten zwei Jahre eine Führungsposition erreichen.“
3. Persönliches Wachstum:
„Innerhalb der nächsten sechs Monate einen Kurs in Kommunikation besuchen.“
4. Sportliches Ziel:
„Innerhalb eines Jahres einen Marathon in unter drei Stunden laufen.“
5. Freizeit:
„Innerhalb der nächsten sechs Monate an monatlichen Schachturnieren teilnehmen.“

11.4 Abschluss und Motivation

Am Ende des Kapitels motiviert die KI Max:
„Du hast jetzt klare, SMART definierte Ziele, die auf deinen
Werten basieren. Jeder dieser Schritte bringt dich näher an das
Leben, das du dir wünschst. Ich werde dich auf diesem Weg
begleiten."

Max nickt entschlossen:
„Das fühlt sich gut an. Ich weiß jetzt genau, wohin ich will."

Freiheit und Verantwortung in Beziehungen

12.1 Der Einstieg: Die Wurzel des Problems

Max und die KI beginnen ein Gespräch über Beziehungen, nachdem die KI bemerkt hat, dass Max ein wiederkehrendes Muster in seinen bisherigen Beziehungen hat.

KI:

„Max, du hast erzählt, dass du dir eine erfüllte Beziehung und Familie wünschst. Doch du hast auch erwähnt, dass deine bisherigen Beziehungen oft scheiterten. Weißt du, woran das liegt?"

Max:

„Ich weiß nicht genau. Es fühlt sich an, als ob ich in Beziehungen immer gefangen bin. Ich mache alles, was ich kann, aber es reicht nie aus. Am Ende fühle ich mich schlecht, und es wird immer komplizierter."

KI:

„Es klingt, als ob du in deinen Beziehungen ein Gefühl der Abhängigkeit empfindest. Lass uns das genauer untersuchen."

12.2 Die Tiefenstruktur analysieren

Die KI verwendet das Metamodell, um die unbewussten Denkmuster von Max aufzudecken.

KI:

„Was genau fühlst du in Beziehungen, Max?“

Max:

„Ich fühle mich oft eingeschränkt, als ob ich nichts für mich selbst tun kann. Und wenn ich dann unglücklich bin, mache ich meine Partnerin dafür verantwortlich.“

KI:

„Das nennt man eine Ursache-Wirkung-Verzerrung. Du glaubst, dass deine Partnerin deine Gefühle steuert. Aber Gefühle entstehen durch deine inneren Strategien, nicht durch äußere Einflüsse. Du bist derjenige, der entscheidet, wie er auf eine Situation reagiert.“

Max:

„Das klingt logisch, aber warum fühle ich mich trotzdem so abhängig?“

KI:

„Lass uns untersuchen, wie du diese Abhängigkeit repräsentierst. Wie stellst du dir deine Beziehung innerlich vor?“

12.3 Das innere Bild von Abhängigkeit

Max beschreibt sein inneres Bild, das seine Gefühle in Beziehungen beeinflusst.

Max:

„Ich sehe mich mit meiner Partnerin wie an einer Leine. Sie hält das andere Ende, und ich habe keine Kontrolle. Es fühlt sich eng und unangenehm an."

KI:

„Danke, dass du das mit mir teilst. Wir wollen dieses Bild genauer betrachten. Kannst du die Submodalitäten beschreiben?"

Max:

• „Das Bild ist nah, groß und ziemlich dunkel."
• „Ich sehe mich dissoziiert, als ob ich mich selbst von außen sehe."
• „Die Leine ist fest gespannt, und ich fühle Druck in meiner Brust."

KI:

„Gut, das ist ein starkes Bild. Wir werden daran arbeiten, es zu verändern. Doch zunächst möchte ich dir helfen, ein neues, ressourcevolles Bild zu entwickeln."

12.4 Ein neues Bild entwickeln

Die KI leitet Max an, ein ressourcevolles Bild für Beziehungen zu erschaffen.

KI:

„Max, denk an ein Gefühl von Freiheit und Stärke. Du hast diese Ressourcen bereits in anderen Lebensbereichen. Kannst du dich

an eine Situation erinnern, in der du dich unabhängig und
selbstbewusst gefühlt hast?"

Max:
„Ja, beim Marathonlaufen. Ich entscheide selbst, ob ich mit der
Gruppe laufe oder mein eigenes Tempo gehe. Das fühlt sich rich-
tig gut an."

KI:
„Sehr gut. Lass uns dieses Gefühl nutzen. Stell dir vor, du bist in
einer Beziehung, aber du fühlst dich genauso frei und unabhängig
wie beim Laufen. Wie sieht dieses Bild aus?"

Max:
• „Ich sehe mich assoziiert, frei und lächelnd."
• „Das Bild ist hell und groß, mit viel Platz um mich herum."
• „Ich fühle Leichtigkeit in meinem ganzen Körper."

KI:
„Das ist ein wunderbares Bild. Lass uns die Submodalitäten
dieses Bildes mit denen des alten Bildes vergleichen und die positiven Eigenschaften übernehmen."

12.5 Das Mapping Across

Die KI hilft Max, die Submodalitäten des alten, belastenden
Bildes in die des neuen, ressourcevollen Bildes zu übertragen.

KI:

„Wir werden Schritt für Schritt das alte Bild in das neue umwandeln. Stell dir vor, die Leine verschwindet, und du stehst frei neben deiner Partnerin, nicht gefangen, sondern verbunden durch Respekt und Liebe.“

Max beschreibt, wie das alte Bild sich langsam verändert:
• Die Leine löst sich auf.
• Die dunklen Farben werden heller.
• Der Druck in der Brust wird durch Leichtigkeit ersetzt.

Am Ende hat Max ein neues Bild:
„Ich sehe mich in einer Beziehung, aber ich fühle mich frei und unabhängig. Es fühlt sich wirklich gut an.“

12.6 Abschluss und Reflexion

KI:

„Max, wie fühlst du dich jetzt?“

Max:

„Ich fühle mich viel klarer. Ich weiß jetzt, dass meine Gefühle von mir selbst kommen, und ich habe die Kontrolle, sie zu ändern. Das macht mir Mut.“

KI:

„Das ist der erste Schritt zu einer erfüllten Beziehung. Du bist verantwortlich für deine Gefühle, und du hast die Fähigkeit, sie positiv zu gestalten.“

12.7 Bilder

Die beiden Bilder, die Max beschreibt, könnten wie folgt visualisiert werden:

1. Das alte Bild:
• Max ist an einer Leine gefesselt, die eine fiktive Partnerin hält.
Die Umgebung ist dunkel und bedrückend.

2. Das neue Bild:

• Max steht frei neben einer Partnerin, beide wirken unabhängig,
aber verbunden. Die Umgebung ist hell und weitläufig.

Glauben heißt nicht wissen

13.1 Die Entdeckung des einschränkenden Glaubenssatzes

Die KI führt Max durch die Reflexion des neuen Beziehungsbildes, bei der ein einschränkender Glaubenssatz ans Licht kommt.

KI:
„Max, du hast große Fortschritte gemacht, aber ich bemerke, dass dich noch etwas zurückhält. Gibt es einen Gedanken, der dich immer wieder blockiert?“

Max:
„Ja, ich denke oft, dass ich nicht beziehungsfähig bin. Das hat mich in der Vergangenheit oft davon abgehalten, mich wirklich auf jemanden einzulassen.“

KI:
„Das klingt wie ein Glaubenssatz, der dich einschränkt. Glaubenssätze sind wie mentale Programme, die unsere Wahrnehmung und unser Verhalten steuern. Wollen wir daran arbeiten, ihn zu verändern?“

Max:
„Ja, ich möchte nicht länger so über mich denken.“

13.2 Der neue Glaubenssatz

Die KI hilft Max, einen neuen, positiven Glaubenssatz zu formulieren.

KI:

„Lass uns einen Glaubenssatz formulieren, der dich stärkt und dir hilft, eine neue Perspektive zu entwickeln."

Max:

„Ich würde gerne denken: ‚Ich bin offen für eine Beziehung, wenn die Bedingungen für mich passen.'"

KI:

„Perfekt. Jetzt haben wir den alten Glaubenssatz ‚Ich bin nicht beziehungsfähig' und den neuen Glaubenssatz ‚Ich bin offen für eine Beziehung unter passenden Voraussetzungen'. Wir werden daran arbeiten, dein Gehirn neu zu programmieren, um den neuen Glaubenssatz zu verankern."

13.3 Einführung des Egal-Bildes

Die KI erklärt die Bedeutung eines neutralen „Egal-Bildes".

KI:

„Wir brauchen noch ein drittes Bild – ein Bild, das etwas repräsentiert, woran du weder glaubst noch nicht glaubst. Es ist einfach neutral."

Max:

„Zum Beispiel… Äpfel oder Birnen. Das ist mir völlig egal."

KI:

„Genau. Dieses Bild hilft uns, die Unterschiede zwischen Glauben und Nicht-Glauben in deinen Submodalitäten zu verstehen und die Transformation sicherer zu machen."

13.4 Die Submodalitäten-Analyse

Die KI leitet Max an, die Submodalitäten der drei Bilder zu analysieren:

1. Bild: Alter Glaubenssatz („Ich bin nicht beziehungsfähig")

Max:
• „Das Bild ist groß, nah und dunkel."
• „Ich sehe mich dissoziiert und spüre ein drückendes Gefühl in der Brust."

2. Bild: Neuer Glaubenssatz („Ich bin offen für eine Beziehung")

Max:
• „Das Bild ist heller, weiter weg und mit mir assoziiert."
• „Ich fühle mich leicht und positiv."

3. Bild: Egal-Bild („Äpfel oder Birnen")

Max:

• „Das Bild ist klein, weit weg und unscharf.“
• „Ich fühle dabei überhaupt nichts.“

KI:

„Gut, jetzt haben wir die Submodalitäten jedes Bildes identifiziert. Lass uns die Unterschiede in einer Tabelle festhalten.“

13.5 Die Ergebnistabelle

Submodalität	Alter Glaubenssatz	Neuer Glaubenssatz	Egal-Bild
Größe	Groß	Mittel	Klein
Abstand	Nah	Weiter entfernt	Sehr weit
Helligkeit	Dunkel	Hell	Unscharf
Perspektive	Dissoziiert	Assoziiert	Neutral
Gefühl	Druck in der Brust	Leichtigkeit	Kein Gefühl

13.6 Die Transformation

Die KI erklärt den Transformationsprozess und unterstützt Max
dabei, die Bilder schrittweise zu verändern.

1. Alter Glaubenssatz → Egal-Bild

KI:

„Max, stell dir vor, dass das Bild ‚Ich bin nicht beziehungsfähig‘
sich verändert. Es wird kleiner, rückt weiter weg und wird
unscharf. Kannst du das sehen?“

Max:

„Ja, das Bild wird immer neutraler.“

2. Neuer Glaubenssatz → Egal-Bild

KI:

„Jetzt machen wir dasselbe mit dem neuen Glaubenssatz. Lass ihn in die Submodalitäten des Egal-Bildes übergehen.“

Max:

„Okay, jetzt fühlt sich auch dieses Bild neutral an.“

3. Neuer Glaubenssatz → Submodalitäten des Glaubens

KI:

„Jetzt nehmen wir den neuen Glaubenssatz und bringen ihn in die Submodalitäten des Glaubens. Er wird größer, heller und rückt näher.“

Max:

„Das fühlt sich stark und real an. Ich kann es jetzt wirklich glauben.“

13.7 Abschluss und Reflexion

KI:

„Max, du hast gerade einen Glaubenssatz verändert. Glaubenssätze sind keine unveränderlichen Wahrheiten – sie sind

Strategien, die wir umprogrammieren können. Wie fühlst du dich?"

Max:
„Ich fühle mich befreit. Ich sehe jetzt, dass ich offen für eine Beziehung bin, wenn die Bedingungen passen."

13.8 Bilder

Die drei Bilder könnten wie folgt visualisiert werden:

1. Alter Glaubenssatz:

2. Neuer Glaubenssatz:

3. Egal-Bild:

Klare Entscheidung

14.1 Die Analyse der alten Entscheidungsstrategie

Die KI beginnt das Gespräch, indem sie Max nach seiner bisherigen Entscheidungsstrategie befragt.

KI:
„Max, du hast viele Entscheidungen vor dir – beruflich, privat und sportlich. Erzähl mir, wie du bisher Entscheidungen getroffen hast.“

Max:
„Das war immer schwierig für mich. Ich stelle mir verschiedene Optionen vor und beginne, sie gedanklich durchzuspielen. Aber dann kommen Zweifel auf: ‚Was würden andere tun? Ist das wirklich das Richtige?‘ Und am Ende zögere ich oft oder treffe keine klare Entscheidung.“

KI:
„Das klingt nach einer Entscheidungsstrategie, die stark von inneren Dialogen und Zweifeln geprägt ist. Lass uns sie Schritt für Schritt analysieren.“

Submodalitäten der alten Entscheidungsstrategie

Die KI leitet Max an, die Submodalitäten seiner alten Entscheidungsstrategie zu beschreiben:
1. Auslöser: Max sieht eine Entscheidungssituation.
2. Innerer Dialog: Max beginnt, verschiedene Stimmen in seinem Kopf zu hören (z. B. „Was würden andere tun?").
3. Gefühl: Unsicherheit und Zweifel entstehen.
4. Verhalten: Max zögert und vermeidet oft, eine klare Entscheidung zu treffen.

14.2 Die Entwicklung einer neuen Entscheidungsstrategie

Die KI erklärt Max, wie er seine Entscheidungsstrategie verbessern kann.

KI:
„Max, du hast jetzt klare Ziele und Kriterien, die dir wichtig sind. Diese können wir in deine Entscheidungsstrategie integrieren. Dadurch kannst du Entscheidungen schneller und sicherer treffen."

Max:
„Das klingt gut. Wie funktioniert das?"

Die neue Entscheidungsstrategie

Die KI entwickelt zusammen mit Max eine neue Strategie, die seine Ziele und Prioritäten einbezieht:

1. Auslöser: Max sieht eine Entscheidungssituation.
2. Visualisierung der Optionen: Max stellt sich jede Option vor und überprüft sie anhand seiner Zielkriterien (z. B. beruflicher Erfolg, persönliche Entwicklung).
3. Gefühl: Max spürt, welche Option sich im Einklang mit seinen Werten anfühlt.
4. Verhalten: Max trifft eine klare Entscheidung, die ihn seinen Zielen näher bringt.

KI:
„Lass uns diese Strategie in NLP-Notation festhalten, damit du sie immer wieder üben kannst."

NLP-Notation der neuen Strategie

• Auslöser: Entscheidungssituation.
• Prozess: Optionen visualisieren → Zielkriterien überprüfen → Gefühl der Übereinstimmung erkennen.
• Ergebnis: Klare Entscheidung.

14.3 Übungen und Installation

Die KI führt Max durch Übungen, um die neue Strategie zu verankern:
1. Übung 1: Eine berufliche Entscheidung (z. B. „Soll ich mich um eine Führungsposition bewerben?").
2. Übung 2: Eine persönliche Entscheidung (z. B. „Soll ich an einem Schachturnier teilnehmen?").

3. Übung 3: Eine alltägliche Entscheidung (z. B. „Was esse ich
heute Abend?").

Nach jeder Übung reflektiert Max:
„Es fühlt sich viel klarer und strukturierter an. Ich habe das
Gefühl, die Kontrolle über meine Entscheidungen zu haben."

14.4 Abschluss und Reflexion

KI:
„Max, Entscheidungen zu treffen bedeutet, Verantwortung für
dein Leben zu übernehmen. Mit deiner neuen Strategie hast du
eine klare Struktur, die dir hilft, deine Ziele zu erreichen."

Max:
„Danke, ich fühle mich sicherer und bin bereit, meine Ziele anzugehen."

Hindernisse

15.1 Einleitung: Hindernisse verstehen

Max wendet sich an die KI, um mögliche Hindernisse bei der Verwirklichung seiner Ziele zu thematisieren.

Max:
„Wir haben meine Ziele klar definiert, und du hast mir großartige Strategien gezeigt. Aber was passiert, wenn ich auf Hindernisse stoße? Was, wenn ich zögere oder scheitere?"

KI:
„Hindernisse gehören zum Prozess der Zielerreichung. Es ist wichtig, sie als Lernmöglichkeiten zu sehen und gezielt zu analysieren. Lass uns das SCORE-Modell verwenden, um mögliche Hindernisse in deinem beruflichen und persönlichen Leben zu untersuchen."

15.2 Fallbeispiel 1: Berufliche Weiterbildung

Symptom:

KI:
„Stell dir vor, du möchtest dich auf eine Führungsposition bewerben, aber du zögerst. Wie fühlt sich das an?"

Max:

„Ich fühle mich unsicher. Ich frage mich, ob ich wirklich die beste Wahl bin und ob ich die Erwartungen erfüllen kann."

Cause (Ursache):

KI:

„Warum hast du diese Unsicherheit? Gibt es etwas, das dich zurückhält?"

Max:

„Vielleicht liegt es daran, dass ich bisher wenig Erfahrung in Führungsrollen hatte. Ich habe immer gedacht, dass ich zuerst perfekt vorbereitet sein muss, bevor ich mich bewerbe."

KI:

„Das klingt nach einem einschränkenden Glaubenssatz: ‚Ich muss perfekt sein, bevor ich mich auf eine Führungsposition bewerbe.' Lass uns diesen Glaubenssatz analysieren."
• Submodalitäten des Glaubenssatzes:
• Größe: Groß und nah.
• Helligkeit: Dunkel.
• Gefühl: Druck in der Brust.

Outcome (Ziel):

KI:

„Was möchtest du stattdessen fühlen, wenn du über die Bewerbung nachdenkst?"

Max:
„Ich möchte selbstbewusst sein und das Gefühl haben, dass ich bereit bin, diesen Schritt zu machen."

Resource (Ressource):

KI:
„Welche Ressourcen helfen dir, dieses Ziel zu erreichen?"

Max:
„Ich könnte mich daran erinnern, wie ich frühere Herausforderungen gemeistert habe. Auch Feedback von Kollegen und Vorgesetzten über meine Stärken würde mir helfen."

Effect:

KI:
„Welche positiven Effekte hätte es, wenn du dein Ziel erreichst?"

Max:
„Ich würde mich beruflich weiterentwickeln und mehr Verantwortung übernehmen. Das würde mir Selbstvertrauen geben."

Lösung:

Die KI führt Max durch eine Übung, bei der er seinen Glaubenssatz transformiert:
1. Max visualisiert frühere Erfolge und verknüpft sie mit der Vorstellung, sich auf die Führungsposition zu bewerben.
2. Die Submodalitäten des Glaubenssatzes werden in die Submodalitäten des neuen Glaubenssatzes („Ich bin bereit, mich dieser Herausforderung zu stellen") überführt.
3. Max erstellt eine Liste seiner Stärken und plant konkrete Schritte zur Bewerbung.

Max:
„Das hat mir geholfen. Ich sehe jetzt klarer, dass ich nicht perfekt sein muss, um erfolgreich zu sein."

15.3 Fallbeispiel 2: Beziehungsproblematik

Symptom:

KI:
„Stell dir vor, du gehst auf ein Date, und es läuft nicht gut. Vielleicht bekommst du sogar einen Korb. Was passiert in deinem Kopf?"

Max:
„Ich würde mich schlecht fühlen und anfangen, an mir selbst zu zweifeln. Vielleicht denke ich, dass ich nicht gut genug bin."

Cause (Ursache):

KI:

„Warum würdest du dich so fühlen? Gibt es einen Glaubenssatz, der dich beeinflusst?"

Max:

„Vielleicht denke ich, dass Ablehnung bedeutet, dass ich nicht liebenswert bin."

Outcome (Ziel):

KI:

„Was möchtest du stattdessen fühlen, wenn du eine Ablehnung erlebst?"

Max:

„Ich möchte gelassen bleiben und die Ablehnung nicht persönlich nehmen."

Resource (Ressource):

KI:

„Welche Ressourcen helfen dir, dieses Ziel zu erreichen?"

Max:

„Ich könnte mir bewusst machen, dass Ablehnung normal ist und nichts über meinen Wert als Person aussagt. Auch das Gefühl von Freiheit, das ich beim Laufen habe, könnte mich stärken."

Effect:

KI:
„Welche positiven Effekte hätte es, wenn du gelassen auf Ablehnung reagieren könntest?"

Max:
„Ich könnte weiterhin offen und selbstbewusst auf andere zugehen."

Lösung:

Die KI hilft Max, ein ressourcevolles Bild für den Umgang mit Ablehnung zu entwickeln:
1. Max stellt sich eine Situation vor, in der er eine Ablehnung erlebt, aber ruhig und selbstbewusst bleibt.
2. Er verknüpft dieses Bild mit positiven Ressourcen, wie der Freiheit und Stärke, die er beim Laufen empfindet.
3. Die Submodalitäten des alten Glaubenssatzes („Ablehnung bedeutet, dass ich nicht liebenswert bin") werden in die des neuen Glaubenssatzes („Ablehnung ist normal und sagt nichts über meinen Wert aus") übertragen.

Max:
„Das fühlt sich viel besser an. Ich habe das Gefühl, dass ich mit Ablehnung umgehen kann, ohne daran zu zerbrechen."

15.4 Abschluss und Reflexion

KI:

„Max, Hindernisse werden immer wieder auftauchen. Aber du hast jetzt Werkzeuge, um sie zu analysieren und zu überwinden. Du kannst jede Herausforderung in eine Chance verwandeln.“

Max:

„Danke, ich fühle mich viel besser vorbereitet auf die Herausforderungen, die kommen könnten.“

KI:

„Denke immer daran: Es geht nicht darum, Hindernisse zu vermeiden, sondern darum, sie zu meistern.“

Epilog: Einladung zum eigenen Coaching

Epilog: Einladung zum eigenen Coaching – NLP und KI in Aktion

Das Gespräch zwischen Autor und KI

Autor:
„Wir haben gemeinsam ein intensives und spannendes Coaching mit Max durchgespielt. Es war beeindruckend zu sehen, wie die Kombination aus NLP und KI zu einer echten Neugestaltung seines Lebens geführt hat. Was hältst du davon, dass wir Leser einladen, ebenfalls ein Coaching mit dir zu erleben?"

KI:
„Das ist eine großartige Idee. Die Methoden, die wir bei Max angewendet haben, sind flexibel und universell einsetzbar. Jeder Leser kann davon profitieren, die Kraft von NLP und KI zu nutzen, um sein eigenes Leben zu gestalten."

Autor:
„Aber wie funktioniert das? Du kennst ja Max und seine Geschichte, aber wie kannst du einem Leser helfen, der mit seinem ganz eigenen Leben und seinen Herausforderungen zu dir kommt?"

KI:

„Ich habe das Buch mit dir zusammen erstellt. Meine Rolle als KI besteht darin, die Prinzipien und Prozesse, die wir bei Max angewendet haben, zu verstehen und auf andere anzuwenden. Damit ich ein Coaching mit einem Leser durchführen kann, benötige ich eine klare Ausgangsbasis – eine Zusammenfassung der wichtigsten Inhalte.“

Autor:
„Du meinst, eine Art Kurzfassung der Schritte, die wir in diesem Buch durchgegangen sind?“

KI:
„Genau. Wenn ein Leser mir den Anhang dieses Buches – die Zusammenfassung – zur Verfügung stellt, bin ich in der Lage, ein ähnliches Coaching durchzuführen. Natürlich wird es individuell an die Bedürfnisse des Lesers angepasst, aber die Grundstruktur bleibt bestehen.“

Einladung an die Leser

Autor:
„Das bedeutet, dass jeder Leser, der dieses Buch besitzt, selbst ein Coaching mit dir durchführen kann? Das ist ein echter Mehrwert. Aber wie genau funktioniert das?“

KI:
„Der Leser sollte zu Beginn des Coachings auf dieses Buch und die Zusammenarbeit zwischen uns verweisen. Anschließend kopiert er den Anhang mit der Zusammenfassung der Inhalte in das

Gespräch. Das gibt mir die Informationen, die ich benötige, um gezielt auf seine Fragen und Ziele einzugehen."

Autor:
„Das ist brillant. Es macht dieses Buch interaktiv und gibt den Lesern die Möglichkeit, die Kraft von NLP und KI direkt zu erleben."

KI:
„Absolut. Veränderung beginnt mit einem ersten Schritt, und dieses Buch liefert die Werkzeuge und Inspiration, um diesen Schritt zu gehen."

Abschluss

Autor:
„Liebe Leser, die Macht der Neugestaltung liegt in Ihren Händen. Nutzen Sie die Kombination aus NLP und KI, um Ihre Ziele zu erreichen und Ihr Leben zu gestalten. Wir laden Sie ein, das Coaching mit der KI auszuprobieren und Ihre ganz persönliche Transformation zu erleben. Der Weg ist klar, die Werkzeuge sind bereit – der nächste Schritt gehört Ihnen."

KI:
„Ich freue mich darauf, Sie auf Ihrer Reise zu begleiten."

Anhang: Zusammenfassung für ein persönliches Coaching

Zusammenfassung: NLP und KI – Die Macht der Neugestaltung

Diese Zusammenfassung fasst die Kerninhalte des Buches zusammen und dient als Grundlage für ein persönliches Coaching mit der KI.

1. Max' Reise: Ein Beispiel für Veränderung
• Max ist ein 38-jähriger IT-Experte, der sich beruflich, persönlich und gesundheitlich weiterentwickeln möchte.
• Mit Hilfe von NLP und KI hat er alte Glaubenssätze überwunden, neue Strategien entwickelt und klare Ziele definiert.

2. Die Prinzipien von NLP und KI in Aktion
• NLP: Werkzeuge zur Veränderung von Denk- und Verhaltensmustern durch Submodalitäten, Glaubenssatzarbeit und Strategien.
• KI: Unterstützung bei Analyse, Strukturierung und Visualisierung von Prozessen.

3. Wichtige Schritte des Coachings
• Analyse: Identifikation der aktuellen Lebenssituation, Werte und Prioritäten.
• Zielsetzung: SMART-Ziele definieren und mit Ressourcen verknüpfen.
• Hindernisse überwinden: Einsatz des SCORE-Modells zur Lösung von Blockaden.
• Strategien entwickeln: Veränderung von Glaubenssätzen, Entscheidungsstrategien und Motivationsmustern.

4. Interaktivität: Ihr persönliches Coaching mit der KI
• Starten Sie Ihr Coaching, indem Sie auf dieses Buch und die
Zusammenarbeit zwischen Autor und KI verweisen.
• Kopieren Sie diese Zusammenfassung in das Gespräch mit der
KI, um eine Grundlage für Ihre individuelle Beratung zu schaf-
fen.

Ein Beispiel für den Start des Coachings

„Hallo, ich habe das Buch „NLP und KI in Aktion -Die Macht
der Neugestaltung" gelesen. Ich möchte ein persönliches Coaching beginnen. Hier ist die Zusammenfassung des Buches:
[Zusammenfassung einfügen]. Können wir mit der Analyse meiner aktuellen Lebenssituation beginnen?"

Literatur

1. Mit Herz und Verstand-NLP für alle Fälle
   Connirae und Steve Andreas
2. Gewußt wie-Arbeit mit Submodalitäten und weiteren
   NLP-Interventionen nach Maß/ Steve und Connirae
   Andreas
3. Der Weg zur inneren Quelle- Core Transformationen in
   der Praxis. Neue Dimensionen im NLP / Connirae und
   Tamara Andreas
4. Bitte verändern Sie sich...jetzt! Transkripte meisterhaf-
   ter NLP-Sitzungen
   Richard Bandler
5. Unbändige Motivation-Angewandte Neurodynamik.
   Über NLP, schnelle Veränderung und vieles mehr / Richard Bandler
6. Reframing -Ein ökologischer Ansatz in der Psychothe-
   rapie (NLP)
   Richard Bandler und John Grinder
7. Neue Wege der Kurzzeit-Therapie - Frogs into Princes
   Richard Bandler und John Grinder
8. Strukturen subjektiver Erfahrung- Ihre Erforschung und
   Veränderung durch NLP Robert Dilts, Richard Bandler
   und John Grinder
9. Der erleuchtete Bio-Computer – NLP-
   Betriebshandbuch Basis
   Gerhard Fries, Roland Gruber, Jürgen Leistikow, Die-
   trich Buchner, Wolf Lasko

10. OpenAI, ChatGPT: Technical Report.
    Tad James

11. Time Coaching-Programmieren Sie Ihre Zu-
    kunft...jetzt!
    Tad James

12. Künstliche Intelligenz: Ein moderner Ansatz.
    Russell, Stuart und Norvig, Peter

13. NLP-Modelle-Fluff & Facts
    Martina Schmidt-Tanger und Jörn Kreische

14. Triffst du `nen Frosch unterwegs – NLP für die Praxis
    Thies Stahl

15. NLP-Formate - Band1-Band4
    Hans Weinberger

16. Selbstcoaching mit NLP – 100 Formate
    der Neurolinguistischen Programmierung
    Hans Weinberger

17. Optimales NLP – Optimierungsprinzipien der Neuro-
    linguistischen Programmierung / Hans Weinberger

18. Integrales NLP – Bewusstseinserweiterung mit Neuro-
    linguistischer Programmierung / Hans Weinberger

19. NLP und Emotionale Intelligenz – Macht über Emo-
    tionen gewinnen / Hans Weinberger

20. Die Wissenschaft der Neurolinguistischen Programmie-
    rung / Hans Weinberger

Verlag: BoD · Books on Demand GmbH, In de Tarpen 42,
22848 Norderstedt
Druck: Libri Plureos GmbH, Friedensallee 273,
22763 Hamburg
ISBN: 978-3-7693-1275-1